时代印记

王志艳◎编著

诺贝尔

延边大学出版社

图书在版编目（CIP）数据

寻找诺贝尔 / 王志艳编著 . —延吉 : 延边大学出版社，2013.8(2020.7 重印)

ISBN 978-7-5634-5895-0

Ⅰ . ①寻… Ⅱ . ①王… Ⅲ . ①诺贝尔，A.B.（1833 ～ 1896）—传记—青年读物②诺贝尔，A.B.（1833 ～ 1896）—传记—少年读物 Ⅳ .
① K835.326.13-49

中国版本图书馆 CIP 数据核字 (2013) 第 209664 号

寻找诺贝尔

编著：王志艳
责任编辑：孙淑芹
封面设计：映像视觉
出版发行：延边大学出版社
社址：吉林省延吉市公园路 977 号 邮编：133002
电话：0433-2732435 传真：0433-2732434
网址：http://www.ydcbs.com
印刷：唐山新苑印务有限公司
开本：690×960 1/16
印张：11 印张
字数：100 千字
版次：2013 年 8 月第 1 版
印次：2020 年 7 月第 3 次印刷
书号：ISBN 978-7-5634-5895-0
定价：29.80 元

前言

历史发展的每一个时代，都会有对后世产生巨大影响的人物，都会有推动我们前进的力量。这些曾经创造历史、影响时代的英雄，或以其深邃的思想推动了世界文明的进步，或以其叱咤风云的政治生涯影响了历史的进程，或以其在自然科学领域中的巨大成就为人类造福……

总之，他们在每个时代都留下了深深的印记，烙上了特定的记号。因为他们，历史的车轮才会不断前进；因为他们，每个时代的内容才会更加精彩。他们，已经成为历史长河的风向标，成为一个时代的闪光点，引领着我们后人走向更加深邃的精神世界和更加精彩的物质世界。

今天，当我们站在一个新的纪元回眸过去的时候，我们不能不提起他们的名字，因为是他们改变了我们的世界，改变了人类历史的发展格局。了解他们的生平、经历、思想、智慧，以及他们的人格魅力，也必然会对我们的人生产生深刻的影响。

为了能了解并铭记这些为人类历史发展做出过巨大贡献的人物，经过长时间的遴选，我们精选出一些最具影响力、最能代表时代发展与进步的人物，编成这套《时代印记》系列丛书，其宗旨是：期望通过这套青少年乐于、易于接受的传记形式的丛书，对青少年读者的成长产生潜移默化的影响，使他们能够从中吸取到有益的精神元素，立志奋进，为祖国、为人类作出自己的贡献。

前言

　　本套丛书写作角度新颖，它不是简单地堆砌有关名人的材料，而是精选了他们一生当中最富有代表性的事迹与思想贡献，以点带面，折射出他们充满传奇的人生经历和各具特点的鲜明个性，从而帮助我们更加透彻地了解每一位人物的人生经历及当时的历史背景，丰富我们的生活阅历与知识。

　　通过阅读这套丛书，我们可以结识到许多伟大的人物。与这些伟人"交往"，也会进一步提高我们的思想品格与道德修养，并以这些伟人的典范品行来衡量自己的行为，激励自己不断去追求更加理想的目标。

　　此外，书中还穿插了许多与这些著名人物相关的小知识、小故事等。这些内容语言简练，趣味性强，既能活跃版面，又能开阔青少年的阅读视野，同时还可作为青少年读者学习中的课外积累和写作素材。

　　我们相信，阅读本套丛书后，青少年朋友们一定可以更加真切、透彻地了解这些伟大人物在每个时代所留下的深刻印记，并从中汲取丰富的人生经验，立志成才。

导　言

Introduction

　　阿尔弗雷德·伯纳德·诺贝尔（1833—1896），世界伟大的科学家，一生致力于炸药的研究和发明，在硝化甘油的研究方面取得了巨大的成就，共获得技术发明专利350多项，并在欧美等五大洲20个国家开设了约100家公司和工厂，积累了巨额的财富。

　　他不仅将自己的毕生精力都献给了科学事业，还在生前留下遗嘱，将自己的遗产全部捐献给科学事业，成立"诺贝尔基金会"，用以奖励后人，鼓励人们向科学的高峰勇敢攀登。今天，以阿尔弗雷德·诺贝尔的名字命名的科学奖已成为举世瞩目的最高科学大奖。

　　阿尔弗雷德·诺贝尔出生于瑞典斯德哥尔摩，自幼体弱多病，家族事业以及父亲的影响使他从小就对炸药事业产生了浓厚的兴趣，并将一生的精力都投入其中，最终取得了令世人瞩目的成就。

　　阿尔弗雷德·诺贝尔的一生都充满了非凡的戏剧性和悲剧性。他是一位多才多艺、天资聪颖、谦虚、坚毅、恪守原则而又勇敢十足的技术家；是一位划时代的发明家和先驱者；是一位尽管体弱多病、健康状况不佳又屡遭严重挫折，却始终凭借着自己的坚韧和不懈的勤奋，在恶劣条件下使那些充满巨大冒险性的企业获得成功的人。同时，他更是一位伟大的瑞典人和一位伟大的欧洲人；他摆脱了民族偏见，一生四海为家，却始终缄默忧郁，缺少个人幸福，具有强烈的孤独感；他更是一位从不放弃其崇高理想的国际主义朋友。

　　今天，我们很难用合适的字眼来概括诺贝尔的一生，然而，他的伟大事迹以及他所取得的巨大成就，却让全世界所有人都为之瞩目，并且永远地留在了人类社会发展的文明史册上。

　　本书从诺贝尔的儿时生活开始写起，一直写到他所获得的各项伟大发明以及所取得的巨大成就，再现了诺贝尔具有传奇色彩的一生，旨在让广大青少年朋友了解这位发明家和企业家不平凡的人生经历及伟大人格，学习他对自己理想执著不懈的追求精神以及坚韧不拔、勇闯难关的坚定信念。

目 录
contents

时代印记 目录

1

目
录

第一章 了不起的家族

生命，那是自然付给人类去雕琢的宝石。

——诺贝尔

（一）

阿尔弗雷德·伯纳德·诺贝尔的祖先来自波罗的海斯堪的纳维亚半岛的最南端。诺贝尔这个姓氏在过去曾引起人们的很多猜想，可谓是众说纷纭，很多人都认为这是一个英国或者德国的姓氏。事实上，诺贝尔是瑞典的古老姓氏之一，是由他们家乡的地名诺贝鲁斯变更而来的。

在诺贝尔那富有传奇色彩的家族当中，最为传奇的人物、对诺贝尔影响最深远的人物，莫过于他那痴迷于发明的父亲——伊曼纽尔·诺贝尔。

伊曼纽尔是个遗腹子，生于1800年3月24日。由于家境贫困，母亲无力供他到学校读书，因此这位天才从未受到过正规的学校教育。但他却有着比一般人聪明的脑袋，而且体格健壮、力量过人。由于外祖父曾当过水手，所以他14岁时就出去学习航海了。

航海的经历增长了伊曼纽尔的知识，也磨炼了他的意志，但也给他留下了许多痛苦的回忆。在他18岁那年，货船遇难，船上的几名伙伴连同船长一起死于非命。他虽然幸免于难，但巨大的打击却让他从此对航海丧失了信心和兴趣。

后来，伊曼纽尔又到一位建筑师那里做学徒，以打零工为生。不过，他边干活边细心研究观察，并在心里暗暗琢磨研究别人的手艺。总督穆罕默德·阿里见伊曼纽尔聪明勤快，便雇佣他干活，从此伊曼纽尔成了一名名副其实的建筑师。

也就是在这个时候，伊曼纽尔偶然抓住了一次大显建筑才能的良机，人生从此发生了巨大改变。

有一年，瑞典国王查理四世和他的随从要路过伊曼纽尔的家乡耶夫勒。伊曼纽尔得知，查理四世特别喜欢凯旋门，于是他在极短的时间内奇迹般地设计建造了一座凯旋门向国王致敬。

查理四世在路过凯旋门时，看到这样一个偏僻的地方竟有这样一座宏伟的建筑，对此赞叹不已，因而对伊曼纽尔这个从未接受过正规教育的年轻人十分赏识。

有了这样一番经历，伊曼纽尔自然是受到了各方面人物的关注。不久，在两位杰出的瑞典建筑师的资助下，1821年，伊曼纽尔进入了斯德哥尔摩建筑学校进行学习深造。

在学校里，聪明好学的伊曼纽尔成绩优异，曾四次获得发明奖，就连校长都对他刮目相看。

4年后，即1825年，伊曼纽尔转到工程学校受聘担任设计教师，由于设计亚麻精整机而获得年度奖金。1826年，这所学校改建为工业学院，伊曼纽尔虽然缺乏理论修养，但凭借丰富的实践能力和在实用方面的特殊天赋，从1826年起又担任建筑师和工程师的职务。

在这期间，伊曼纽尔完成了不少新的建筑工程，并且还进行了很多实验。他曾经做过关于"多动木房"的种种设计实验，建造了浮桥，还制造了各种机床，都获得了人们的好评。

1827年，仪表堂堂、聪明健壮的伊曼纽尔将富裕的阿尔塞尔家的女儿卡罗琳娜迎娶进门，组成了一个美满的家庭，并靠自己的能力买下了一所舒适的公寓，开始了幸福的生活。

卡罗琳娜比伊曼纽尔小3岁，虽然出自富裕之家，但她绝不是娇滴滴的大小姐，也丝毫没有一般富人家孩子那种娇生惯养的坏习惯。她虽然话语不多，但却颇能吃苦耐劳，持家勤俭，还是一个虔诚的基督教徒，对遭遇世间苦难和不幸的人们充满了同情和怜爱，并以帮助别人为最大的快乐。

同时，卡罗琳娜对丈夫的工作和爱好也表示理解和支持，为丈夫营造了一个良好的工作环境和欢乐温暖的家庭氛围。

（二）

伊曼纽尔与卡罗琳娜一共生育了8个孩子，但只有罗伯特、路德维希和阿尔弗雷德3个孩子长大成人，其余的都夭折了。伊曼纽尔和卡罗琳娜的婚姻持续了45年之久，被外界公认为是一对幸福的伉俪。也正因为他们的智慧与慈爱，给了阿尔弗雷德·诺贝尔一生用之不竭的优良品质：聪慧、勤奋、博爱。

他们的大儿子罗伯特出生于1829年6月8日，生活经历比较简单，他一生最重要的成就就是发现了巴库油田井，以及和他的弟弟一起创建了巨大的诺贝尔兄弟石油公司。这个公司对俄罗斯帝国的国防、工业、海路运输等各方面的发展都起到了重要作用。在公司创建的最初几年，罗伯特经常亲自驻守在天寒地冻的巴库，组织指挥当地的技术工作，为石油公司日后的发展打下了扎实的基础。直到后来因为病重，罗伯特才不得不辞去了职务。

二儿子路德维希生于1830年7月27日，年轻时曾在圣彼得堡父亲的工厂中帮忙，才干也渐渐显露，后来成长为一名出色的机械工程师。父亲破产后，路德维希在维堡买下了一家小工厂，并逐渐发达起来。在19世纪的六七十年代，他还曾致力于制造步枪和手枪。

在巴库油田发现之后，路德维希在经营和管理油田方面还扮演了重要的角色，对油田工作进行了许多技术上的改进。尤其是在罗伯特病退后，路德维希更是一手包揽了巴库油田的大小事务。在他的领导之下，油田的规模不断扩大，使得诺贝尔兄弟石油公司逐渐成长为一个庞大的企业。

伊曼纽尔的第三个儿子就是阿尔弗雷德·诺贝尔，本书的主角，也是那个时代最伟大的人物之一，出生于1833年的10月21日。

提到阿尔弗雷德·诺贝尔，我们就不能不提到他的一系列发明。他一生知识渊博，在许多方面都有建树，其一生可谓硕果累累，总共取得了近400项科学发明的专利权，为合成化学的发展做出了杰出的贡献。

其中，炸药的发明是阿尔弗雷德留给世人最为辉煌灿烂的一项发明成果。硝化甘油引爆法、雷管、达纳炸药、无烟炸药以及速爆炸药等发明，在19世纪后期为工业生产的迅速发展提供了强大的动力，为人类征服自然带来了福音。在炸药得到广泛使用后，一条条铁路相继通车，一座座矿山也得到了发掘和开采。

除了发明创造外，阿尔弗雷德还热情地资助他人，慷慨地承担了恩盖上尉试验"空中鱼雷"的费用，并且亲自参与了相关的研究。现在人们使用的变速齿轮自行车、消除留声机杂音的减音器等发明，也曾得到阿尔弗雷德的热情赞助。

阿尔弗雷德不但是个发明家，还是个显赫一时的大企业家。他的公司曾遍布世界各地，并组合成为两个规模巨大的托拉斯。

然而，令阿尔弗雷德家喻户晓的，还是他用自己的巨额遗产设立的诺贝尔奖金。如今，一年一度的诺贝尔奖金已经深入人心。不论是科学家、文学家，还是政治家、经济学家，都无不以诺贝尔奖作为自己所能获得的最高荣誉。总之，诺贝尔奖已经成为具有世界意义的一项大奖。

（三）

1828年，由于伊曼纽尔经营的一家不动产公司获得了可观的收入，伊曼纽尔夫妇便于元旦那天搬进了斯德哥尔摩郊外斯塔卡尔赛布鲁克的一幢寓所。寓所的周围绿树成荫，湖水掩映，环境十分幽雅而清新。

在这期间，虽然伊曼纽尔很擅长机械制造，但才能却没有更好的施展机会，因此只好先担任建筑师。他接受了好几处委托，承建了两所房屋，一处是安鲁法官的，在斯托托盖特；另一处是贵族彼特胜的，在蒙克布隆。

另外，伊曼纽尔还在耶可布斯伯格附近承建了一所洗衣房，在斯库路桑德还承建了一座造价3万泰勒的悬桥。

然而不幸的是，在1833年，也就是小阿尔弗雷德·诺贝尔出生的那一年，一场无名的大火使伊曼纽尔在兰格霍尔曼、克拉帕斯塔得的财产毁于一旦，并且债台高筑。无奈之下，伊曼纽尔只好宣布破产。

1834年7月，破产申请生效，但仍然没有解除一切债务。甚至直到1850年时，伊曼纽尔虽然已经偿还多年的旧债，但仍未完全还清。

这场大火让伊曼纽尔变得倾家荡产，一家人不得不搬到诺曼街9号的一所便宜的房子当中。在那座两层楼的建筑后面，一道木楼梯从院子通向诺贝尔一家的住所，住所内有一间起居室、两间卧室和一间厨房。房间内除了一些必不可少的生活用具之外，几乎不能再简陋了。

伊曼纽尔之所以会搬到这所房子中，是因为这所房子的租金十分便宜。火灾后，伊曼纽尔不论如何努力工作，不论对自己多么充满信心，可事事都不如愿，全家人的生活都陷入了困境。

就在这时，从埃及传来了将要开凿苏伊士运河的消息，这重新鼓起了伊曼纽尔的勃勃雄心，也让他产生了灵感：他要发明一种炸药，使运河隧道和筑路建设工程变得省时省力，彻底改变以前施工落后、进程缓慢的面貌。而且，运河的工程巨大，工期要历经数年，如果自己能够发明一种强效的炸药，一定能够持续多年获得丰厚的利润，为自己的事业开创出一条新的出路。

虽然伊曼纽尔并不懂得相关的知识，也没有受过安全操作的训练，但他还是不顾一切，立即一头扎进了实验室，开始研究这个危险而充满前途的领域。

伊曼纽尔的行为让卡罗琳娜很不安。1837年，伊曼纽尔开始在后院的棚子中进行炸药试验，研究炸药的各种配方以及温度、湿度等因素对炸药性能的影响。

有一天早晨，伊曼纽尔家的后院里突然传来了剧烈的爆炸声，直震得房屋摇晃，门窗咯咯作响。受到惊吓的邻居们聚集到伊曼纽尔家的院子里对他大声谩骂，而此时的伊曼纽尔却正在为找到一种新炸药的配方而欣喜万分。

由于这次事故，瑞典市政当局下令禁止伊曼纽尔再进行爆炸试验。无奈之下，伊曼纽尔只有告别妻儿，只身前往波兰，后来又辗转到了俄国，定居在圣彼得堡。

在圣彼得堡，伊曼纽尔研究制造各种机械，其中最著名的就是一种切割机器。当然，他主要致力于炸药的研究，并设计制造出了防御用的地雷和水雷。

在此期间，伊曼纽尔结识了一位俄国将军、工程师伊盖尔夫。伊盖尔夫对他的发明很感兴趣，并向国防部长提交了报告。

1852年，伊曼纽尔的水雷终于在圣彼得堡附近的奥契达河河口试验成功。

然而，关于水雷管辖权的归属问题，海军、陆军之间却展开了无休止的争执，问题也被无限期地搁置起来。到1853年，俄国和土耳其之间因"巴勒斯坦圣地"发生了军事冲突。同年的10月4日，土耳其对俄国宣战。1854年3月28日，英国和法国也对俄宣战，克里米亚战争爆发。

9月，英国、法国和土耳其三国联军在黑海北岸的克里米亚地区登陆，开始对俄国要塞瓦斯托波尔发起进攻。为了应付战事，总参谋部想起了伊曼纽尔设计的水雷，并授命他紧急制造水雷，尽快在海域设防，以抵御英国的舰队。

这时，罗伯特·诺贝尔按照父亲的设计，在芬兰湾港口和圣彼得堡的战略要地、结冰的克隆斯达特军港的入口处布置了水雷。

虽然这些水雷并没有击沉或击落战船，但还是对战船起到了一定的威慑作用。当一名英国水兵发现一枚水雷后，将它捞上来放置在"威灵顿公爵号"上，交给军火专家检查。在拆卸这枚水雷时，当即便炸死了一名水手。

而且，当时还有一艘俄国汽船不服从领港员的指挥随意行使，结果撞上了一串封锁港口的水雷受到了重创。这一事件被附近的英国舰队看到了。也正是因为这一事件，才令停泊在芬兰湾的英国舰队不敢发起袭击。

由于水雷对港口的确有一定的防御作用，俄国军方便开始源源不断地向伊曼纽尔的工厂订货。

可以说，从1837年迁居圣彼得堡后，伊曼纽尔的生意又开始蒸蒸日上了。1842年，他开办了一座金属工厂和铸造厂，生意很红火，他也成了俄国有名的工程师企业家。

1842年，伊曼纽尔将卡罗琳娜母子接到圣彼得堡团聚，并在随后的几年当中将在瑞典大火时所欠下的债务一一还清，彻底摆脱了债务的困扰。

第二章 弱不禁风的少年

传播知识就是播种幸福。……科学研究的进展及日益扩大的领域将唤起我们的希望，而存在于人类身心上的细菌也将逐渐消失。

——诺贝尔

（一）

卡罗琳娜是个典型的贤妻良母，具有无穷的智慧和精力，又颇具幽默感。在生活当中，她讲求实际，乐观豁达，又谦逊有礼。所有这些优秀的品质，后来都深刻地影响了她的孩子们。

1833年的那场大火，烧毁了伊曼纽尔在斯德哥尔摩的住宅和全部家什。此时的卡罗琳娜一点抱怨都没有，而是带着已经出生的两个儿子罗伯特和路德维希，跟随丈夫从舒适的公寓搬到了一所简陋的房子中。

在她的操持下，家里虽然缺东少西，但也安排得井井有条。日子虽不富裕，但也能够勉强维持体面。

1833年10月21日，阿尔弗雷德·诺贝尔就诞生在这所灰暗、简陋的石头房子中。

出生后的阿尔弗雷德一直体弱多病，就连呼吸和吃奶的力气都没有。当父亲伊曼纽尔看到这个瘦弱的小婴儿时，非常担心他像以前的孩子一样，活不了多久，因此常常暗自祈祷，希望这个孩子能够健康地活下来。

面对这个可怜的小家伙，母亲卡罗琳娜慈爱的目光中也流露出丝丝的不安和忧伤。但就在别人几乎放弃了希望的时候，她依然相信，自己对这个病弱的孩子呕心沥血的照顾和爱定能感动上帝，上帝也会保佑她的小阿尔弗雷德长大成人的。

在阿尔弗雷德4岁时，父亲伊曼纽尔便只身前往波兰谋生，养育三个孩子的生活重担就全部落在了卡罗琳娜一个人身上。

由于生活窘迫，卡罗琳娜就在自家的门口开了一个经营牛奶、蔬菜的小副食店，但所赚的钱还是难以维持母子四人的生活。幸亏卡罗琳娜的父母不时地给予他们关照和救济，卡罗琳娜和孩子们才坚强地挺了过来，一起艰难度日。

与别的孩子相比，阿尔弗雷德显得有些苍白与安静。长期的健康不佳，也使他的童年不像其他孩子的童年那样欢乐和无忧无虑。

1851年，在18岁时，阿尔弗雷德用出色的英文创作了一首题目为《谜语》的自传体诗，回顾了他的童年旧事。如今，这首诗还保存完好。现摘录其中几段：

> 我躺在摇篮里行将死去，
> 母亲怀着深沉的爱，
> 长年累月守护在我的身旁，
> 虽然希望渺茫，
> 她却要拯救这欲灭之光。

我连吸吮乳汁的气力都没有，

接着是一阵抽搐，

直把我送到死亡的边缘，

我体验到了死亡的痛苦，

又感受到了死亡的极点。

好不容易长大了，

病弱仍然一直伴随着童年。

在这个小小的世界上，

我生活的地方，

仿佛是陌生的，

小伙伴们玩得热火朝天，

我却只能默默地站在一旁观看。

我这颗与童年欢乐无缘的心，

只能朝着未来，

把希望寄托给明天。

对于每个人来说，童年的体验都是一生中最为难忘的。后来成了世界屈指可数的成功者的阿尔弗雷德在回忆自己的童年时，说了这样一句话：

"人的记忆犹如写在黑板上的字，是不会消掉的。"

幼年时期的阿尔弗雷德绝大部分时间都是在母亲身边度过的，这是他永远也不能忘记的一段时光。他身体特别虚弱，稍微照顾不周就会发烧，还常常胃痛。为了这个，母亲不知道被折磨了多少回，好几次阿尔弗雷德都是在母亲的精心照料下才得以死里逃生。在他的身上，母亲倾注了全部的柔情和爱，这种感情一直延续到阿尔弗雷德成年后的所有岁月。

因此，在阿尔弗雷德的心中，母亲一直都是这个世界上最亲密、最慈祥的人。后来，他还特意撰写了一首诗来记录下对母亲的这份感激之情：

在那个年龄，爱神不会赐予你玫瑰，
也不会滋生荆棘来践踏纯净的心田；
心房一直在那里平稳地搏动，
不会因欢娱或哀伤而忐忑不安。
唯有母亲的亲吻让小脸儿乐开了花儿，
笑容里满满的是天真与欢喜。
这种欢乐掀不起汹涌的波涛，
泪水也不会浸透着辛酸。
到了成年人的平静日子，
断了奶，却断不了慈母亲切的关怀与温暖。
我俩一起欢呼仙境般的未来，
用希望之光照亮美好的前程，
那希望之光啊，
是慈母燃起在幼嫩灵魂深处的光焰。

（二）

1837年父亲离开家后，一晃又是4年了，弱不禁风的阿尔弗雷德在母亲的悉心照料之下，勉强长到了8岁。这时，他已经到了上学的年纪了，但母亲却暗自发愁，甚至偷偷垂泪。她无法想象，瘦弱而又爱生病的阿尔弗雷德进入学校后，该怎样应付那些野蛮粗鲁、不怀好意的陌生人的欺负和摆布。而且，她也担心阿尔弗雷德不喜欢学校的生活，因为他那脆弱而敏感的神经可能根本承受不了那些严肃古板的先生们的教导和训诫。

但是，为了能让孩子接受良好的教育，卡罗琳娜还是下定决心，于1841年秋天将阿尔弗雷德送入他两个哥哥所在的圣雅克布小学。

不过，阿尔弗雷德在这所学校中仅仅读了两个学期，这也是他一生当中唯一一所接受正规教育的学校。

学校全新的环境、有趣的知识，激发了阿尔弗雷德强烈的学习兴趣和求知欲。在课堂上，小阿尔弗雷德总是全神贯注地听老师讲解，全然忘记了昨天晚上他还发着低烧。在知识面前，他表现出强烈的好奇心，这让母亲感到十分欣慰，但又担心他因学习过度而累坏了身体。

阿尔弗雷德的学习成绩一直很优秀，第一学期的成绩报告单表明，他的智力、勤勉和操行三项都获得了最高分；第二学期时，他的智力和勤勉依然是最高分，但由于经常生病，迟到了几次，操行没能拿到最高分，这让阿尔弗雷德很难过。

然而，正如母亲所担心的那样，阿尔弗雷德柔弱的身体和敏感的神经让他在学校当中很不合群。他好像天生就很忧郁，从不主动与其他孩子交朋友，平时也很少说话。当其他孩子打打闹闹时，他总是一个人默默地躲在远处，沉浸在自己的世界当中，小脸上那清澈的眼睛永远那么专注，仿佛在思索着什么重要的问题。

除了上学外，在家里时，阿尔弗雷德的大部分时间也是读自己喜爱的书、画画儿、写作文。有不认识的字或看不懂的地方时，他就去询问母亲。有时他会一个人到田野中去散步，去看看花儿、青草，或者捡起一些小石头欣赏一番，静静地把自己融入到大自然当中。

这些活动也培养了阿尔弗雷德观察自然的爱好，从中也体验到了大自然无穷的乐趣。用阿尔弗雷德自己的话来说就是：

"我在少年时代研究了自然这个最好的教科书。"

另外，他还喜欢安静地阅读各种童话故事。就连老师都觉得，这个孩子将来可能会成为一名诗人或文学家。阿尔弗雷德的外婆很疼爱他，经常给他讲一些瑞典和丹麦的童话故事，这时他总是乖巧地坐在一边静静地听着，脑海里充满了无尽的遐想。在他幼小的心灵中所燃起的无数幻想，可能就是日后发明创造的最初胚芽吧！

（三）

就在小阿尔弗雷德如饥似渴地汲取知识的时候，由芬兰前往俄国发展的父亲终于传来了捷报。1842年10月的一天，就在全家人望眼欲穿地盼望着父亲的来信时，父亲的信终于到来了。

父亲在信中说：

……十分抱歉，我让你们久等了。在国外的这5年时间，我时刻都强忍着对你们的思念，拼命地工作。而我的努力也最终没有白费，现在我已经建立了一座小工厂，你们一定会为我高兴吧。工厂的订货单每天都在不断增加，我已经购置了一幢很大的房子，这是赠送给你们的见面礼。请你们尽快到圣彼得堡来，让我早一点见到你们健康的面容！

父亲的来信让兄弟三个都兴奋不已，期待着能快点启程去与父亲团聚。母亲卡罗琳娜此刻回想起这几年所经受的苦难，禁不住流下了欣喜的泪水。

原来，父亲自从1837年离开瑞典后，开始时在芬兰的图尔库做过建筑师、营造师、各种实验员等，也经历了许多磨难。在他的身后，留下了一排排当时风格的各式建筑，就是他在那里生活的见证。

后来在前往俄国后，经过几年的辛勤努力，伊曼纽尔又研制出了地雷，并终于得到俄国国防部的认可，政府付给了他数目不菲的报酬和奖金。于是，他在圣彼得堡开设了一家制造军用机械的工厂，并且购买了一幢带有漂亮花园的房子。

收到伊曼纽尔的信后不久，一心想与父亲早日见面的大儿子罗伯特便比母亲和两个弟弟先行一步，独自一人前往俄国。

1842年10月21日，卡罗琳娜带着路德维希和9岁的阿尔弗雷德怀着无限的欢愉与希望离开了瑞典，乘坐着轮船，度过波罗的海缓缓地驶进了圣彼得堡港。

在母子三人到达的那天，父亲早早就到码头上迎接他们。阿尔弗雷德左顾右盼，望着高耸的寺塔及洋葱头状的屋顶，对异国大城市中的每一件事物都充满了好奇与惊喜。

来到俄国后，阿尔弗雷德依然经常生病，往往是今天感冒刚好一点，明天胃病又犯了，整天都是药不离口，一家人都被他折腾得团团转。

阿尔弗雷德每天都要忍受卧病在床的痛苦，而他的两个哥哥到了圣彼得堡之后却如鱼得水，经常一天到晚跑出去疯玩。此时可怜的阿尔弗雷德就只能孤单单地待在自己的小房间里，或者看书，或者画画，或者海阔天空地幻想。

父亲有空的时候，会给阿尔弗雷德和哥哥们讲述他在这4年中身边所发生的事情以及现在的工作，这也是父亲的一大乐趣。从知识广博的父亲那里，阿尔弗雷德和两个哥哥听到了好多生动的古代科学家的故事。阿尔弗雷德的聪明才智就是在这种良好的家庭环境中逐渐被塑造出来的。

阿尔弗雷德和哥哥来圣彼得堡时，还都是上学的年龄，父亲对他们上学的事也十分关心。但是，圣彼得堡没有瑞典人开办的学校，如果让孩子们去上当地正规的学校，他们又根本听不懂俄语。

后来，父亲发现，俄国当地有这样的风气：有钱人家的孩子都不去学校上学，而是跟着家庭教师学习。考虑到家庭的经济条件已经逐渐好起来，所以父亲便决定为孩子们聘请一位瑞典籍的家庭教师，教授孩子们学习俄文。等孩子们已经掌握了一定的俄文后，再聘请俄国教师。就这样，兄弟三人便开始了他们诺贝尔家庭学校的生活。

第三章 圣彼得堡家庭学校

不尊重别人的自尊心，就好像一颗经不住阳光的宝石。

——诺贝尔

（一）

伊曼纽尔为孩子们聘请的第一位家庭教师是瑞典语言学家和历史学家B·拉鲁斯·桑德逊，教授三个孩子瑞典语、俄语以及瑞典历史等。老师每天除了给他们讲授语言、历史外，还教给孩子们各种科学知识。这对于培养诺贝尔兄弟们的广泛兴趣具有极其重要的意义。

后来，伊曼纽尔又为孩子们聘请了一位俄国教授，就是后来向他们父子介绍硝化甘油爆炸性能的尼古拉·齐宁教授。

当时，齐宁教授是一位俄国著名的化学家，也是俄国有机化学的奠基人。诺贝尔兄弟三人日后能够成为那么出类拔萃的人才，与齐宁教授给他们打下牢固的知识基础是分不开的。这段学习经历，对于阿尔弗雷德在化学启蒙教育中所起到的重要作用显然也是不能低估的。

兄弟三人都非常聪明，尤其是阿尔弗雷德。虽然他的年龄比较小，而且身体羸弱，但学习劲头却一点都不亚于两个哥哥。开始老师还为他能否跟得上学习的进程而担心，可是他学习起来一点都不落后，尤其在俄语学习上，甚至比哥哥们进步还快。

"阿尔弗雷德，你很有语言天才，很快就能把俄语学得很好了。"有一天，老师称赞道。

"学俄语很有趣啊！我很喜欢。"

"很好，等你俄语学会后，我会再教你学习英语、德语。"

"一定的！老师您可一定要教我！"一听要学习其他语言，阿尔弗雷德十分高兴。

就这样，除了学习俄语外，阿尔弗雷德还学习其他几种外国语言。

在学习外语时，阿尔弗雷德尤其勤奋、认真、刻苦。比如在学习法语的时候，为了增强记忆力，提高学习效率，他就先将德国名著翻译成瑞典文，再转译为法文，然后再认真核对两次翻译的手稿，反复进行比较、查对，一旦发现错误就立即改正，直到完全熟练掌握为止。

阿尔弗雷德还把这种学习方法推广到其他语种的学习当中，结果他通晓了俄、法、德、英等多种语言。借助这些语言工具，阿尔弗雷德也熟练地阅读了很多科学著作和文学名著。

阿尔弗雷德还十分热爱化学和文学。有一次，他发现家庭教师带来了一本装帧精美的书，便趁老师不在好奇地拿起来翻看。不看则已，这一看，阿尔弗雷德便被这本书深深地吸引住了。

> 向上，再向高处飞翔，
> 从地面你一跃而上，
> 像一片烈火的轻云，
> 掠过蔚蓝的天心，
> 永远歌唱着飞翔，飞翔着歌唱。

这是一本英国诗人雪莱的诗集。看到书中这些吟咏云雀的美丽句子，阿尔弗雷德仿佛听见了天空中正响彻着云雀欢乐的啼鸣，仿佛不知不觉间就进入了清新的音乐海洋，在其中任意游弋。

在随后的阅读当中，阿尔弗雷德还发现，对大自然的热烈情感、精致细腻的内心活动，都只是这位伟大诗人的一个方面。更让阿尔弗雷德感到热血沸腾的，是雪莱对于光辉未来和人类进步的乐观而热切的信念，还有雪莱与生俱来的反叛精神和桀骜不驯的个性。这一切都成为终生鼓舞阿尔弗雷德的信念和力量。

不过，父亲伊曼纽尔却不赞成阿尔弗雷德阅读雪莱的诗歌，他认为一个男子汉不应该喜欢这种女子拿来消遣的东西。对此，阿尔弗雷德十分不解。在他看来，雪莱的诗歌和精神是无比高贵的。为此，父子间也产生了一些隔阂。

幸好母亲卡罗琳娜对阿尔弗雷德的这一爱好十分支持，并且鼓励他说：

"诗歌是写给心灵高尚、有教养的人欣赏的，我很高兴你能喜欢。"

在母亲的支持下，阿尔弗雷德不仅大方地朗读、背诵雪莱的诗歌，心血来潮时，还尝试着自己创作诗歌。此后，读诗、写诗也成为他终身保持的一个爱好。在那段时间里，尽管阿尔弗雷德还不能确定自己长大后应该做什么工作，但很显然，他对化学和文学都产生了相当浓厚的兴趣。

（二）

在诺贝尔一家人到圣彼得堡的第二年，即1843年，家中又增加了一名新成员——阿尔弗雷德的弟弟埃米尔出生了。

埃米尔是个结实的孩子，性格也很稳重，后来和阿尔弗雷德的关系很亲密。一家人也都很喜欢小埃米尔。可是，当时谁也没有想到，悲惨的命运此刻已经在等待着他了。

当时，父亲伊曼纽尔的工厂与他们的住所之间隔着一条很宽的河，阿尔弗雷德和两个哥哥对河对岸父亲的工厂和那里的工作产生了很大的兴趣。于是，三个人每天做完功课后，就要跑到工厂里去玩耍。

在父亲的工厂里，阿尔弗雷德总是被那些快速转动的机器所吸引，但最令他觉得有趣的，还是那些装入地雷或水雷中的火药。

只要一有空，伊曼纽尔就会带着三个儿子在工厂中到处转悠，并把各种机械构造的原理讲给他们听，有时还让他们亲自动手操作一下。从这些方面来说，伊曼纽尔不仅仅是三个孩子的父亲，还是他们的好老师。

当时，沙俄皇帝尼古拉出于对俄国的未来考虑，想要拥有威力强大的武器，所以对伊曼纽尔研究的地雷很感兴趣，并且为此向伊曼纽尔提供了大量的资金。

阿尔弗雷德在父亲的工厂里，还亲眼目睹了地雷实验的整个过程。实验即将结束时，只听见"轰"的一声巨响，顿时飞沙走石，烟雾弥漫。地雷爆炸实验成功了。

然而，孩子们都十分担心，因为地雷实验经常伴有爆炸产生的种种危险。但父亲伊曼纽尔却很有胆量，并不那么惧怕，他告诉孩子们说：

"如果做到沉着、谨慎、认真地进行实验，就决不会出现危险。"

阿尔弗雷德在同这位精力充沛、大胆无畏的父亲的接触过程中，也深深地受到了父亲发明创造精神的感染。在他幼小的心灵当中，也不知不觉地萌发了献身科学的理想。

"我长大以后，也要当个像父亲这样的发明家。"

这个时期，阿尔弗雷德与父亲的接触十分密切，在工厂里也会给父亲当当助手，做一些杂事。由于对知识的不断渴求，他在学习方面也更加勤奋，只要是他看到或听到的重要知识，就会统统被吸收进去。生活本身变成了他的大学，父亲丰富的经验和想象力也对他产生了巨大的影响。阿尔弗雷德曾经说过：

"尽管生活无疑是很艰难与忧虑的，但我把它看成是一份珍奇的礼物，是大自然这位母亲亲手赋予我的一颗宝石，让我自己来磨炼它，直到这颗宝石用它的光泽来奖赏我的辛勤劳动。"

父亲伊曼纽尔也说：

"我的好学而勤奋的阿尔弗雷德……受到父母的器重和兄弟们的高度尊敬，这是因为他有着无与伦比的学识和不屈不挠的工作精神。"

（三）

诺贝尔家庭学校从1843年起，一直办到1850年。到1850年，诺贝尔三兄弟结束了学业。

在这几年当中，父亲伊曼纽尔的事业蒸蒸日上，工厂里的业务忙得他团团转，他迫切需要找几个聪明能干的好帮手来协助自己发展事业。

伊曼纽尔想来想去，觉得最合适的人选就是自己的三个儿子。他们个个年轻力壮，而且又聪明能干。如果重点培养一下，一定可以在各方面独当一面。

于是，伊曼纽尔就安排罗伯特和路德维希到工厂里实习。罗伯特脑子聪明，善于沟通，喜欢与人打交道，很有经商的天赋，因此父亲就让他负责工厂里有关业务方面的工作；路德维希在机械技术方面很有才华，父亲便安排他在工厂里负责技术方面的工作。

而对于阿尔弗雷德，父亲伊曼纽尔很早就注意到了这个孩子对火药的兴趣和表现，虽然他不是最聪颖和最有天赋的一个，但却是最勤奋的一个。伊曼纽尔希望阿尔弗雷德长大后可以在研制诺贝尔工厂的新产品方面发挥作用。

当时，伊曼纽尔有一位在美国的朋友，名叫约翰·埃里克森。他是一名瑞典海军工程师，曾经发明过热式发动机，还曾改进了螺桨推进器等。

后来，埃里克森还设计了"莫尼塔号"新型船舰。在美国南北战争期间，这种船舰使北军取得了胜利，埃里克森也因此而声名远扬。

由于埃里克森的兴趣和发明多数都与机械化战争及蒸汽和热力技术有关，而这些技术又正是伊曼纽尔在圣彼得堡的机器工厂所应用的，因此，伊曼纽尔便决定让阿尔弗雷德出国，到美国去学习，一方面让他去接受工程师的教育，另一方面也可以顺便去考察一下欧洲国家和美国在机械及化工方面的现状及发展前景等。

尽管母亲卡罗琳娜对这个自小体弱多病的孩子很不放心，但为了让阿尔弗雷德出众的才华得以发挥出来，也为了日后能够帮助父亲打理工厂，伊曼纽尔和卡罗琳娜还是决定让他独自出国。

于是，在1850年，刚刚17岁的阿尔弗雷德便离开父母和两个哥哥，在父亲的安排下独自出国，开始了他的欧美之旅，去接触其他国家的先进设备和研究成果。

在那个时代，阿尔弗雷德的这种旅行还是具有一定的困难和冒险性的。因为这是他第一次踏出家门，独自一人面对外面陌生的世界。不过，阿尔弗雷德并没有因此而心怀恐惧和不安，因为他知道，自己的内心里有一个无比广阔的海洋。回想起自己的童年时期，由于身体多病，阿尔弗雷德不得不整日卧床；而现在，他终于盼来了一个可以展翅高飞的机会，这怎么能不让他兴奋呢？通过他日后的诗歌，我们也可以了解到他当时的心境：

> 在我年轻的时候，
> 曾漂洋过海赴他乡，
> 一种怪念油然而生：
> 漫漫大洋，无限锦绣，
> 却不能使我留念回首，
> 因为我心目中的海洋，
> 更加浩瀚悠悠……

有一次，阿尔弗雷德正在实验室做实验，他的哥哥找到他，说："阿尔弗雷德，我正在整理我们家族的家谱，你现在已经是闻名世界的人物，没有你的自传怎么行呢？你写一份自传吧，这会给我们家族增添光彩的。"但阿尔弗雷德拒绝了，他语气坚定地说，"我不能写自传，在宇宙漩涡中有恒河沙粒那么多的星球，而无足轻重的我们，有什么值得写的呢？"

第四章 悲喜青春

　　金钱这东西，只要能够一人的生活就行了，若是多了它会成为遏制人才能的祸害。

——诺贝尔

（一）

　　离开圣彼得堡后，阿尔弗雷德所乘坐的轮船在大西洋上不停地向西前进。

　　这是一艘两旁装有水车的轮船，虽然阿尔弗雷德即将投入以发明螺旋桨闻名的美国发明家埃里克森门下，但当时那种新船并没有被普遍采用，所以阿尔弗雷德乘坐的仍是旧式的船只，它正缓慢地在波浪的摇荡中航行。

　　阿尔弗雷德倚靠着甲板上的栏杆，望着起伏不定的海浪冥想着：

　　"我正一步步接近的美国，究竟是什么样子呢？是一个朝气蓬勃的国家吗？是很大的城市还是一片广阔的牧场？还是盛产石油和煤铁的大工业国？"

　　在长途疲惫的旅行中，阿尔弗雷德仍然没有忘记时刻复习英文，加强语言表达能力，以便能够适应那即将到达的陌生国土。

对语言颇有天分的阿尔弗雷德，在俄国圣彼得堡生活期间，英文读写能力就已经相当不错了。为了精益求精，他仍然不忘随身携带各种英文读本，其中除了有关科学的书籍之外，更不乏文学与诗歌方面的读物。

在漫长的旅途中，阿尔弗雷德最喜欢的事就是坐在甲板上，面向大海欣赏文学作品，尤其是雪莱的作品，更是深深地吸引着他。雪莱的思想也逐渐被他吸收、融合而成为阿尔弗雷德的思想了。

后来，阿尔弗雷德之所以能够以合理的科学观点，促进发明事业的扩大，并以和平的手段和博爱的精神处事待人，与受雪莱影响是分不开的。

抵达美国后，阿尔弗雷德牢记父亲的嘱托，认真地去完成父亲交付的两个任务。

首先，他带着父亲的介绍信去拜访了埃里克森。埃里克森对阿尔弗雷德的到来深表欢迎。此后，阿尔弗雷德便到埃里克森的工厂里实习。

在此期间，他学习了许多有关各种机械的技术，积累了许多新的研究和实验方法，大大地开阔了眼界。同时，他还协助埃里克森从事以火和高温产生的膨胀空气来代替蒸汽发动引擎的热空气研究工作。热空气引擎就是后来的燃气轮机，在当时还没有被正式使用。

在从事这项研究时，阿尔弗雷德学习到了物体燃烧发热使气体膨胀产生力量的原理，并学习到了许多其他方面的新知识。

师从埃里克森的这段经历对阿尔弗雷德后来的事业发展起到了重要作用。后来，他把市场拓展到美国就是最好的证明。

由于还要到欧洲学习考察，一年半后，阿尔弗雷德便告别了埃里克森，离开美国，回到欧洲，并继续到各地旅行学习。在惜别的时候，埃里克森对这位有着远大前途的青年学生说：

"你的天资极好，只要你有勇气，勤奋努力，以后一定会成为卓越的科学家。我企盼着你成功。"

不同国家的风土人情都让阿尔弗雷德觉得饶有兴趣，各地人们不同的风俗、个性以及心态等，也都在潜移默化地影响着他看待世界的视角。

在游历了意大利之后，阿尔弗雷德的大部分时间都待在巴黎。在那里，他走访了大学的研究所，参观了各种各样的实验室，还结识了不少著名的科学家、教授和优秀的学生，并积极地同他们学习、交流，以便能够尽快地了解各种科学研究的新成果。

晚上，阿尔弗雷德回到住处后，依然不断地进行思考，以便将白天学到的新知识仔细地记录下来，整理成笔记。这些发达国家的科技水平令阿尔弗雷德大开眼界，同时也更加激发了他旺盛的求知欲，他暗暗庆幸自己此行定然不会无功而返。

（二）

现在不少人在解释为什么没有数学方面的诺贝尔奖时，往往喜欢谈论阿尔弗雷德·诺贝尔与瑞典数学家米塔格·勒夫纳同时向一位佚名的女士求爱的故事。

这个故事里，在这场爱情中，诺贝尔成了情场上的失败者，于是就通过把数学排斥在获奖范围之外来进行报复，从而使米塔格·勒夫纳永远不能获得他所设置的任何一种奖项。

其实，这个传奇故事并不是事实。因为在任何标准的数学史记载当中，都没有这个故事，而且所有的数学史研究者也都不能准确地说出它的出处。正如前诺贝尔基金会主席拉梅尔所说的那样：

"诺贝尔之所以将数学排斥在获奖范围之外，是因为他希望以一种具体的而不是抽象的方式造福于全人类。"

不过，在阿尔弗雷德这次历时两年的世界旅行中，他的确遭遇了一次刻骨铭心的初恋。这次初恋对阿尔弗雷德来说，既是终生难忘的，却又是充满苦涩的。

在阿尔弗雷德年轻的心中，一直都渴望追求一种浪漫纯洁的爱情，能够将两颗心紧紧连在一起，共同探索对方乃至周围人们的美好心灵和崇高品格。那么，这样的爱情到底存不存在呢？他无从得知。因为阿尔弗雷德一直觉得自己相貌平平，毫无吸引女孩子的地方，绝不会有人爱上他。

直到有一天，一位少女走进了他的世界。

1851年，18岁的阿尔弗雷德在巴黎的一家实验室里学习。

巴黎是世界艺术家和文学家荟萃的地方，那里有许多剧场和美术馆，因此，巴黎也是阿尔弗雷德一生中最钟爱的城市，曾经被他称为是"光明之城"。

但初来乍到，当一天的学习结束后，回到旅馆便只剩下孤零零的一个人，这时，一种寂寞之感也便油然而生，在这种时刻，能够驱走阿尔弗雷德心中寂寞之感的只有文学。

日子一天天地过去了。有一天，在一次晚会上，阿尔弗雷德结识了一位来自瑞典的少女。当时的阿尔弗雷德正是初来巴黎，对一切都感到很陌生、很无助的时候，少女见他闷闷不乐的样子，便过来轻轻地问候他。

看到眼前的少女，阿尔弗雷德心灵为之一颤，仿佛看到了雪莱诗中那位精神之美化身的艾米丽。

少女彬彬有礼地问他为什么不开心，阿尔费德勒回答说他现在感到很迷茫，失去了幻想，并将自己的悲观和沮丧情绪向少女倾诉。

而少女对生活却充满了强烈的信念，她静静地听着阿尔弗雷德的诉说，然后善意地责备他不应该对生活失去信心，提醒他应该通过自己的坚强和努力，为人类作出贡献。

少女的每一句话都拨动着阿尔弗雷德的心弦，她俨然已经成为青年诺贝尔心中高尚情操的化身。他们一直谈论到天亮，并为最终达到了一致的意见而感到高兴。分别时，阿尔弗雷德觉得自己内心的一切忧郁都一扫而光，取而代之的则是无限的喜悦。

经过了解，这位皮肤白皙、年轻貌美的金发少女在一家小药店里工作。从这次相遇后，他们便相爱了，并且又约会了几次。

在塞纳河畔，在公园的林荫道旁，经常有他们幸福的身影。他们有说不完的话，他们之间一直充满着欢乐。有诗为证：

> 我怀着从未有过的喜悦，
> 又一次同她见面了。
> 从那以后多次幽会，
> 我们已经难分难舍。
> ……

不幸的是，这段幸福而美好的时光却是那么短暂，因为少女身染肺结核病，突然离开了人世。

这一噩耗让年轻的阿尔弗雷德心灵受到巨大的创伤。他极度悲痛，精神颓丧，整日独自躲在屋子里哭泣，犹如生了一场大病。

后来，阿尔弗雷德终于战胜了这一不幸。正如他自己所说的那样：

"我已经懂得去研究大自然这本书，去领悟其中的篇章，并从它那深邃的学问里汲取一种抚慰，来消除我的忧伤。"

　　小时候，阿尔弗雷德的父亲开工厂研究炸药，阿尔弗雷德在父亲的工厂发现很多有趣好玩的东西，其中就有装入水雷的火药。于是，他就偷偷地用纸袋装一点火药回家，然后在家中用火药做成烟火，将火药放在纸筒里，然后竖立在草地上，点着火后，火药会"咻——"的一声，在黑暗的夜晚中喷出美丽的火花。

第五章 父亲企业破产

　　我真想发明一种具有那么可怕的大规模破坏力的特质或机器，以至于战争将会因此而永远变为不可能的事情。

——诺贝尔

（一）

　　1852年7月，阿尔弗雷德结束了旅行生活，带着丰富的知识和阅历回到了圣彼得堡的家中。

　　一家人都欢欢喜喜地为他接风洗尘，母亲的脸上依然带着慈爱的微笑，父亲依旧还是那副精力充沛的样子，罗伯特和路德维希看上去则成熟了许多，小弟弟埃米尔也长高了。终于见到了分别两年的亲人，阿尔弗雷德掩饰不住内心的激动与喜悦，脸上洋溢着幸福的微笑。

　　在出国游历的这两年当中，阿尔弗雷德先后去过美国、法国、德国和意大利。由于他善于观察、认真学习，知识迅速积累。回国时，他已经成长为一位精通德、英、法及俄语的学者，受过科学训练的化学家了。

　　刚刚回到家中安顿下来，阿尔弗雷德便迫不及待地询问父亲工厂的情况。这两年，父亲的事业又扩大了，工厂也已经改名为"诺贝尔父子机械铸造厂"。当时，俄国的第一条铁路使用的铁器制品，俄国军舰所使用的大炮和蒸汽机等，都是由父亲的工厂生产的。在19世纪50年代建造的几艘军舰，在第一次世界大战中仍然服役，这表明诺贝尔的这家工厂产品质量是相当高的。

听到这些振奋人心的消息，阿尔弗雷德的心早就飞到父亲的工厂了，期待可以早点到工厂中大干一场。

其实，在此之前，阿尔弗雷德对父亲工厂中生产的大量武器一直持怀疑、不解甚至是反感的态度。阿尔阿尔弗雷德认为，自己选择科学研究的道路应该是为人类带来幸福，为世界文明发展出力的，而家族事业的发展却似乎与他的愿望背道而驰。

带着自己的疑问，阿尔弗雷德与父亲长谈了一次。父亲颇具哲理的观点解除了阿尔弗雷德心中的疑惑，并且影响了他很长一段时间。父亲说：

"孩子，武器可以制造和平！我们可以不制造武器，但不能阻止其他国家拥有武器，所以一旦发生了战争，我们就没有还手之力。武器并不是导致战争的直接原因，我们制造的武器如果非常强大，强大到只要一使用就可以在最短的时间内毁灭敌我双方，这样也许就再也不会发生战争了。"

父亲的这番话解开了阿尔弗雷德的心结，因此在回到圣彼得堡的第二天，他就怀着极大的热情到工厂上班了。

阿尔弗雷德先从最简单的实习生开始，除了学习各类机械车床的操作之外，还学习一些机床的修理和故障的排除等知识。这些笨重的粗活儿常常会将人弄得满身油污，但阿尔弗雷德却做得津津有味。

在工作之余，阿尔弗雷德还到大哥罗伯特那里学习一些办公室业务方面的工作，并将钢铁和机械的各种价格记录下来，做成账目或统计报表，进而研究公司业务经营方面的诀窍。

每当夜深人静，家人都已经休息时，阿尔弗雷德还在孜孜不倦地阅读各种有关火药和机械制造方面的书籍，并不断研究机械改良设计和研发新产品。

同时，他还尝试着做一些化学试验。在国外求学期间，阿尔弗雷德有机会阅读了大量的化学参考书，这些书籍让他回忆起小时候玩火药的情景，此时他对这方面的研究依然痴迷不已。

（二）

阿尔弗雷德每天都要超负荷地工作，这让他本来就很虚弱的身体也开始吃不消了。圣彼得堡漫长的冬季已经接近尾声，次年4月，春天的气息已然悄悄地降临到了圣彼得堡。

但是，阿尔弗雷德的食欲却明显地下降，身体消瘦，最终胃病犯了，并且病情相当严重，根本无法再工作。

在父母的一再坚持下，1854年夏，阿尔弗雷德被送到波希米亚的弗兰第斯巴特温泉去疗养。

靠近阿尔卑斯山的这个小镇，空气新鲜，风景秀丽，每天可以纵观群山、浸泡温泉、沐浴阳光。医生认为，那里温暖舒适的环境对阿尔弗雷德的病情恢复很有帮助。

在弗兰第斯巴特期间，阿尔弗雷德经常到野外和林中散步，到梅拉伦湖去钓鱼，时间就这样一天天地过去了，阿尔弗雷德的健康也在快速恢复。他希望自己可以尽快康复起来，回到家中帮助父亲打理工厂的事务。而此时，由于克里米亚战争的爆发，工厂接受了俄国国防部的大量订单，父亲伊曼纽尔也同样急于要他回来帮忙。

于是，身体刚刚恢复的阿尔弗雷德回到了圣彼得堡的家中，全家人都乐不可支，庆祝阿尔弗雷德的身体恢复健康。其实，在疗养的这段时间里，阿尔弗雷德并没有完全闲下来，而是学习了德语，并且德语已经说得相当流利了。

阿尔弗雷德又回到了父亲的工厂。在工厂中，阿尔弗雷德与哥哥们既是父亲的好帮手，又有广阔的天地进行实践训练。而他们也充分利用了这一机会不断提高自己。路德维希·诺贝尔在晚年时曾经写到：

"我在任何一家工厂，都没有像1854年到1860年那段时间那样具有旺盛的精力，才艺也得到充分发挥。这几年简直是忙个不停地发狂工作。假如说世上还有卖劲大而报酬微的事，那么，我也毫不怀疑。"

与其他年龄差不多的人相比，不管是在知识还是在精神方面，阿尔弗雷德都已经明显地出人头地了。他是一位经过科学训练的化学家；他是一位精通德语、英语、法语以及瑞典语和俄语的语言学家；他有着强烈的文学爱好，特别是对英国文学非常感兴趣；他的人生观的基本面貌也已经充分发展形成了。从这一时期的通信中，人们可以看出，此时的阿尔费德勒已经成长为一个早熟、聪明、多病、富于幻想和性格孤僻的内向青年了。

然而，随着1856年3月《巴黎和约》的签订，克里米亚战争也在俄国战败的结局之下结束了。曾向诺贝尔工厂订货的沙皇尼古拉一世也死去了，新政府撕毁了全部的订货合同，在战争中一再扩大的工厂设备一下就失去了利用价值。于是，这家拥有1000多名雇员的大规模工厂突然遭到了厄运。

对于这场战争，22岁的阿尔弗雷德在1855年9月13日寄往瑞典的一封信中写到：

"这个地方当然不会给我留下任何一种愉快的回忆。"

一度繁荣忙碌的诺贝尔工厂终于在无可奈何的情况下被迫停工了。诺贝尔父子工厂迅速转产，只生产蒸汽机这种产品。伊曼纽尔为航行于伏尔加河和里海的首批班轮设计生产了20台蒸汽机，但工厂仍然处于困窘而难以自拔的状态。

在这种情况下，精通外语的阿尔弗雷德被派往伦敦和巴黎，去见那些可能愿意提供贷款的银行老板。

可是，非常不幸，阿尔弗雷德空手而归。在1858年，在那些毫无同情之心的债主摆布下，伊曼纽尔只有再次宣告破产。

1859年，在移民到俄国的二十多年来，对俄国机械工业做出过卓越贡献的伊曼纽尔不得不离开俄国，回到家乡瑞典去了。

回到瑞典时，伊曼纽尔同22年前刚到俄国时一样贫穷。而同他一起回国的，有他的妻子卡罗琳娜和他们在俄国出生的三个孩子中唯一一个活着的儿子埃米尔。

（三）

父亲伊曼纽尔离开俄国后，为了尽可能地挽回一点局面，把熟悉工厂事务的三个儿子留在了圣彼得堡。

1860年，留在俄国的罗伯特和路德维希合租了缪勒将军的一所住宅，并且设立了一个办事处。这里的房租并不便宜，之所以这样做或许是为了维持面子，不至于在债主和顾客心中的声誉一落千丈。

但房租却是一件让他们很为难的事。为了省钱，他们的生活十分简朴，罗伯特每天的生活费用都不超过1卢布。而阿尔弗雷德又经常患病，有一次又患上了急性肋膜炎，罗伯特和路德维希没有钱给他医治，简直是焦急万分。

罗伯特是一名建筑师，因此工厂破产后，他开始在外面承办各项建筑业务。1860年的大部分时间，罗伯特都从事着重建科里洛夫轮船的工作，后来这艘轮船航行在圣彼得堡附近，但由于经营业绩不好，这年秋天，罗伯特又将它改造成为水上锯木厂。

1861年，罗伯特与一位芬兰的女子结婚了。由于妻子不喜欢住在俄国，加上自己的事业也不理想，半年后他们便离开了圣彼得堡前往赫尔辛基定居了。

在父亲伊曼纽尔离开俄国回瑞典时，法庭指定路德维希清理诺贝尔父子工厂的债务。精明能干的路德维希干得很出色，使所有的债主都感到很满意，并因此取得了5000卢布的奖金。

不久，路德维希就开始创办自己的事业，用大部分的所得奖金在距离圣彼得堡不远处的威布尔格建立了一家小工厂，靠着过去诺贝尔一家与军方的交情，得到了不少订单。

在克里米亚战争中，保卫塞瓦斯托波尔要塞的英雄托特勒本现在已经擢升为陆军工程署的监督人。他觉得以前亏待了诺贝尔一家，因此现在答应路德维希，会将陆军部门的大量订单都交给路德维希的工厂来完成。正是依靠这家小工厂，路德维希的事业开始日渐发展起来。

路德维希工厂主要生产各种兵器和战时应用的物资，如步枪、手枪、大炮、炮架、水雷、地雷及其他军事装备等。但是，路德维希也意识到，自己的工厂并不能完全依赖军用物资，父亲工厂的破产就是前车之鉴。所以，他还大量生产其他产品，如工业上的生产工具钻床、镗床等。

在1860年到1870年的这十年间，路德维希都致力于制造步枪和手枪。在1867年到1870年，按照当时先进的克尔和克林卡的方法，路德维希的工厂制成了滑膛枪10万支。这种枪是从前膛装弹改为后膛装弹的。路德维希还进一步提出了改进枪膛装弹的方式，尽管最终未被采用，但这一改进却是关于装弹问题最有意义的一项发明。

1871年，路德维希又与幼年时的朋友比德林陆军上尉奉命在伯尔姆附近的伊舍夫国家工厂组织生产了20万支来复枪。

两人共承租工厂8年，一切机械用具都由路德维希的工厂提供，同时他还亲自监督工厂的工程师和工头们指挥生产。而政府也不断增加订单量，结果8年内共生产来复枪45万支，为沙皇亚历山大二世的军队"现代化"做出了重要贡献。

再来说说阿尔弗雷德。在1857年时，虽然父亲的工厂已经濒临破产，但阿尔弗雷德还在那里工作。而他在技术上的第一个发明，也是在1857年自行设计的气量表，在圣彼得堡还取得了专利。1859年，他又发明了流体计测器和气压计，并获得了专利。

虽然这几项发明在当时并没有产生广泛的影响，但却已经显露出阿尔弗雷德的发明天赋。此后，阿尔弗雷德又专门投身于炸药的研究，并为此而贡献了自己的一生。

阿尔弗雷德小时候很喜欢模仿父亲的发明，曾尝试做地雷玩。他先用纸把火药粉包成圆团，再用较坚韧的纸搓成长条，作导火线。他觉得这还不好玩，又把火药装入小空罐中，封紧盖子，再点燃导火线。"砰！"炸裂的罐子发出了巨响，盖子飞了起来，大家都吓了一跳。阿尔弗雷德的行为被父亲发现后，父亲严厉地禁止他再玩火药。

第六章 初识硝化甘油

一个没有书本和墨水的闲居者，等于是一具有生命的僵尸。

——诺贝尔

（一）

在19世纪60年代，欧洲在物理学、化学和机械学等领域都取得了长足的发展，工业、建筑业和运输业也都出现了快速发展的迹象，但技术的发展速度却十分缓慢。而且由于对煤炭和原料需求的增加，也迫切地需要采用更加有效的办法来开采，世界各地的大型工程项目也急需以更好的技术手段来施工。

在那时，传统的黑色炸药是人们熟知的一种炸药，但它缺乏威力，不能适应社会的需求，因此人们都迫切地希望能够发明一种比黑色炸药更有威力的炸药。

此时生活在圣彼得堡的阿尔弗雷德一边给哥哥们担任助手，一边忙于搞自己的发明研究。虽然在俄国的生活还算不错，但阿尔弗雷德已经快待不住了，他很想自己出去闯荡闯荡。

就在1861年2月，阿尔弗雷德收到了父亲伊曼纽尔的来信，信是这样写的：

> 亲爱的阿尔弗雷德，我和你的妈妈一直祝福你身体早日康复，想必我们的儿子已经如我们所愿。现在，我正在着手进行齐宁教授所说的硝化甘油的研究，你那边的工作进展如何？这件事比预料中的要困难许多，但我相信，我一定能够找出一个正确的答案，我相信你也会成功的。

父亲信中提到的"硝化甘油"让阿尔弗雷德陷入了沉思。

硝化甘油的发现，是在多位科学家不懈努力的基础上获得的成果。最终，意大利化学家索伯雷洛发现了它，将其称为"爆炸甘"。

索伯雷洛在法国留学时，曾受到贝鲁斯教授的指导，进行了有关硝酸与其他物质相互作用的研究工作。

大部分物质在与硝酸作用时，都产生了爆炸的特性。当索伯雷洛将甘油、硝酸、硫酸互相混合时，发现这是一种能产生强烈爆炸力的液体，因此，他将这种液体命名为硝化甘油。

此后，索伯雷洛和医药化学家德弗里发现，硝化甘油对于治疗心绞痛等还具有一定的疗效，因此在硝化甘油发现后的十多年间，它一直都作为一种药品在医药界得到广泛应用。不过，由于深感这种物质的可怕，索伯雷洛并没有对其进行进一步的研究。

在1854年时，齐宁教授就提出了用多孔物质吸收硝化甘油的设想，但因为害怕试验的危险性，也一直未能将设想付诸实施。

有一次，齐宁教授带着一小瓶硝化甘油给诺贝尔父子看。从表面看，这种黄色的液体并没什么奇特的地方。然而当齐宁教授将它倒一点在铁毡上，并拿锤子捶打时，受捶打的部分立刻就发生了爆炸；再向一块铁板上倒一小滴硝化甘油，用火一点，硝化甘油"呼"地一下子就燃烧起来。

这一实验对诺贝尔父子产生了巨大的吸引力。齐宁教授告诉诺贝尔父子，如果能想出什么切实的办法控制硝化甘油的爆炸，那么它必然能够在军事上产生大用处。

在克里米亚战争中，伊曼纽尔在试制水雷时，就需要比黑火药更有威力的炸药，这时他想到了硝化甘油，但第一次实验却失败了，从此他就将这件事搁置下来。

性格内向的阿尔弗雷德喜欢默默无闻地工作，在收到父亲的来信后，他就暗下决心，一定要早日将研究硝化甘油爆炸的试验进行成功。

（二）

为了尽早完成硝化甘油爆炸试验，阿尔弗雷德仔细地研究了早先公开的各种研究报告，并根据发现者索布雷洛的说法，制作一条含有黑色火药的线芯作为导火线，让它具有一定的长度。将它点燃后，人马上跑到安全的地方，导火索就可以引爆硝化甘油。

于是，阿尔弗雷德开始进行实验。他将做好的一根长长的导火线的一端插入装有硝化甘油的小容器中，又小心翼翼地从远处在导火线的另一端点火。结果，硝化甘油并没有发生爆炸，导火线在产生一些小小的火星后就熄灭了，只在插导火线的小孔中喷出一点硝化甘油。

此后，阿尔弗雷德进行过多次试验，都以失败告终。于是，他又重新开始研究索布雷洛的实验结果：

"将硝化甘油置于盘中，再由底部加热，能够产生爆炸。"

阿尔弗雷德将这句话与以前齐宁教授所做的实验联系起来，得出了这样一个结论：必须让全部的硝化甘油同时加热或同时受到敲击，才会发生爆炸。要让少量的硝化甘油做到这一点很容易，但在爆破岩石或水雷时，要让大量的硝化甘油都受热或敲击产生爆炸就十分困难了。

面对这个难题，好长时间阿尔弗雷德都没有找到解决的方法。

后来，在瑞典的父亲又给阿尔弗雷德寄来了一封信。在信中，伊曼纽尔让阿尔弗雷德去拜访托特勒本将军，说服他对新型炸药产生兴趣。

读到父亲的来信，阿尔弗雷德沉思了许久，他心里既钦佩父亲东山再起的勇气，又暗暗对父亲有一丝的不满。因为用硝化甘油研制炸药是一件很复杂的事，而且困难重重，不仅要有面对挑战的勇气，更需要有严谨、科学的态度。而父亲虽然不乏激情和冲劲，但却常常意气用事，而且过于主观自信，容易把自己想象的当成现实。这显然不是从事科学研究的最佳态度。

但是，阿尔弗雷德又不忍心违背父亲的心愿，只好请求将军接见。在私下里，阿尔弗雷德又不想让将军失望，况且父亲所热衷之事对陷入困境的诺贝尔家族来说也是个不错的机会。

因此，阿尔弗雷德开始冥思苦想，试图找出引爆硝化甘油的方法。在接下来的几周里，他都是在实验室中度过的，潜心进行研究和实验。

1862年5月，当罗伯特到圣彼得堡来看望两个弟弟时，阿尔弗雷德告诉两个哥哥，自己已经解决了这个难题，其方法就是将两种炸药以某种方式结合起来，以加强黑色炸药的威力，至少在水里的爆炸可以这样进行。

不久，阿尔弗雷德就在路德维希的工厂里选了一条水沟进行试验。他先将硝化甘油注入一个玻璃管当中，然后将玻璃管塞紧后放在一个装满黑色火药的金属管当中，再将金属管的两端塞紧，插入一根导火线。在点燃导火线后，将整个装置掷入水中，结果发生了剧烈的爆炸。

实验虽然成功了，但阿尔弗雷德却认为实验并不完善，还需要进一步的研究。因为他所用的引爆火药太多了，无法在实际工程中推广使用。

但是，这依然是一次用火药引爆较少硝化甘油的试验，虽然所用的火药较多，它还是第一次证实了引爆硝化甘油的原理。

（三）

与此同时，父亲伊曼纽尔也在不断进行着硝化甘油的爆炸实验。1862年，伊曼纽尔按照索布雷洛的方法生产了硝化甘油，然后他在黑色火药当中掺入10%的硝化甘油，从而产生了一种威力十分强大的新式炸药，他把它称为"强力炸药"。

在获得一些成果后，伊曼纽尔便开始催促阿尔弗雷德回瑞典一起进行实验。加上路德维希的劝说，阿尔弗雷德只好动身回到斯德哥尔摩。他对父亲发明的新型炸药也充满了期待：父亲所发明的炸药威力究竟有多大呢？

这时的伊曼纽尔一家住在斯德哥尔摩的一所平房当中，距离他们赴俄国之前的住所不远。伊曼纽尔的工作室既是实验室，又是办公室，到处都是桌椅、试管和纸张等。

伊曼纽尔的体力和精力已经从过去的失败中彻底恢复过来了，他依然充满热情和自信。母亲卡罗琳娜看到分别许久的阿尔弗雷德身体很健康，也松了一口气。

1863年，阿尔弗雷德与父亲伊曼纽尔为军方在卡尔堡举行了一次实验，但事实证明，伊曼纽尔研制的炸药并没有他鼓吹得那么了不起。这种黑色火药和硝化甘油的混合物只有在新鲜的状态之下，并且按照普通的方式点火时，才能发生有力的爆炸。一旦混合物放置数小时之后，硝化甘油就会被具有吸附性的黑色火药吸收到孔隙当中，混合物的爆炸威力也就要大打折扣，燃烧也会减缓。

其实，阿尔弗雷德早就预感到父亲的方法行不通，要想解决硝化甘油的问题，还得另谋蹊径。他决定沿着自己的思路对硝化甘油进行摸索和研究。

从此，阿尔弗雷德便与硝化甘油结下了不解之缘，而且他后来的所有与炸药有关的重大发明，都是以硝化甘油为基础的。

在实验过程中，阿尔弗雷德以惊人的毅力和耐心进行研究探索。大哥罗伯特听说阿尔弗雷德为了科学研究可谓废寝忘食，身体也越来越不好时，特意从芬兰寄来了一封信，劝说阿尔弗雷德放弃这项研究，不要将精力浪费在这种没有希望的事情上。罗伯特相信，如果阿尔弗雷德将自己渊博的学识和非凡的才智应用到更严肃、更现实的领域中去，一定可以获得一番成就的。

尽管试验也在不断失败，但阿尔弗雷德并没有放弃，凡是他认定的事情，他就绝不会轻易认输。

就在这时，阿尔弗雷德的弟弟，21岁的埃米尔也加入了硝化甘油的研究行列。与诺贝尔家族的其他人一样，埃米尔在化学、物理等方面也表现出了非凡的天赋和热情。他聪明好学，平时沉默寡言，但却异常聪颖伶俐。只要稍加点拨，他就能迅速地领会父亲和哥哥们的教导。

父亲伊曼纽尔十分疼爱这个小儿子，希望他长大以后能够有所建树，因此经常让他去阿尔弗雷德的实验室去看看，帮助阿尔弗雷德进行试验。在这期间，埃米尔发现，颗粒状的炸药为硝化甘油所渗透，就会产生更强大的爆炸力。这一发现也为新炸药的研制做出了重要贡献。

为了找到引发这种小规模爆炸的最佳方法，阿尔弗雷德进行了50多次的反复实验，实验和研究终于也打开了局面，"雷管"终于被发明出来了。

　　这种雷管不但能够引起硝化甘油的爆炸，还能够很容易地使任何火药确凿无误地爆炸。这一发明为一个大工程提供了强大的动力，当时正在修建一条横穿纳雷达山脉的铁路，而使用了阿尔弗雷德制造的硝化甘油炸药后，整个工程的进度都加快了，节省了大量的人力花销。

　　1863年10月14日，阿尔弗雷德在瑞典为他的第一项划时代的发明申请了专利，并顺利地通过审核。随后，他的发明相继在法国、英国和比利时取得了专利。

　　1865年，为了提高炸药的效能，阿尔弗雷德又改动了雷管的装置方法，将原来的小木管换成一个装着起爆水银的金属管。通过这种所谓爆炸管的发明，"原始点火原理"被应用到爆炸物技术方面，这个原理使有效地利用硝化甘油、烈性炸药成为可能。也正是这个原理，为日后研究各种炸药的爆炸特性提供了极大的方便。

　　直到20世纪，一些著名的科学家仍然将阿尔弗雷德的这一项发明称为"自从发明火药以来，在爆炸物科学方面最伟大的进展"。可以说，阿尔弗雷德·诺贝尔仅仅因为这项发明，就足以在整个炸药的发明史上留下光辉的一页了。

阿尔弗雷德自幼便多才多艺。他从小就喜爱文学，因此即使平时工作再忙碌，他也要偷闲阅读小说和作诗。他更喜欢哲学，甚至说："饭可以不吃，哲学书不可不读。"正是哲学的思辨和文学的想象力，推动了他的科学发明。

第七章 意外的惨剧

没有工作简直受不了，工作使一切美化，思想能创造新的生命。

——诺贝尔

（一）

由于发明了雷管，使硝化甘油可以安全地用于矿山、隧道的爆破工程，因此，阿尔弗雷德高兴地带着这项发明回到了斯德哥尔摩。

回来后，阿尔弗雷德便与父亲商量，是否可以共同组建一个诺贝尔硝化甘油公司。这个想法虽然很好，但却缺少资金。于是，阿尔弗雷德又离开斯德哥尔摩前往法国，四处拜访巴黎的银行，向他们说明硝化甘油的研究是一种具有伟大前景的事业，但是，没有一家银行愿意贷款给他。

不过，上天不负有心人。当法国国王拿破仑三世听说了阿尔弗雷德发明了强力火药的事情后，非常感兴趣，认为硝化甘油在军事上将会有广泛的用途，因此认为银行应该贷款给他，以帮助他发展事业。

阿尔弗雷德因此而获得了10万法郎的贷款，他愉快地回到斯德哥尔摩与父亲开始筹建工厂。

1863年，在阿尔弗雷德年满30岁时，诺贝尔火药工厂正式开始制造硝化甘油了。

刚开始时，工厂里只有五六个员工在伊曼纽尔和阿尔弗雷德的指挥下，每天忙碌地从事硝化甘油的制造工作。由于当时肥皂工业十分发达，而在制造硝化甘油的过程中所需的原料甘油又是肥皂工业的副产品，所以价格低廉，可以大量收购。

随着订货量的迅速增加，靠这家小小的工厂已经无法应付了。如果不雇人，就根本没有办法完成大量的订货，而且还要想办法购进相应的大量原料和药品。而且，阿尔弗雷德还要在进行生产的同时继续思索各种问题，进行他的试验。

第二年，工厂的发展十分迅速，订单量也一天天增加。就在工厂缺少人手的时候，在大学读书的埃米尔放暑假回来了。这个21岁的聪明小伙子一回来马上就成了阿尔弗雷德的得力助手，每天热心地协助哥哥从事研究工作。

埃米尔很尊重自己的哥哥阿尔弗雷德，而阿尔弗雷德也十分疼爱这个小弟弟，甚至超出了兄弟的情谊，如同父亲一般呵护照顾他。因此，埃米尔每天出入于阿尔弗雷德的实验室，既帮助哥哥做一些力所能及的工作，同时也认真地从事一些硝化甘油制造过程的简化研究。父亲对埃米尔的努力也表现出了十分赞赏的态度。

1864年9月3日这天，阿尔弗雷德要到城里去签订一个合同，不得不离开工厂。由于之前埃米尔跟着父亲和阿尔弗雷德接触过硝化甘油，所以阿尔弗雷德出门时就很放心地将工厂的事情托付给弟弟埃米尔照看。

一般情况下，硝化甘油是没有什么危险的，即使由于粗心大意将它点燃也没什么关系，因为硝化甘油只会迅速燃烧，不会发生爆炸。

埃米尔对于硝化甘油的制作方法已经烂熟于心了：每次将四五克硝酸和双倍的硫酸混合，冷却之后再取两三克甘油一滴滴加入。每一步都需要极其细心，然后将合成的液体整体倒入磨缸水里，再从水里分离出灰白色的油状硝化甘油。

今天，埃米尔的工作就是负责将甘油净化之后滴入硝酸和硫酸的混合液体中去。然而，平时埃尔特只给哥哥当当助手，今天趁哥哥不在，他决定自己好好动手实践一番。想到这里，埃米尔心情就很愉悦，还吹起了轻快的口哨。

此时，父亲伊曼纽尔和母亲卡罗琳娜正坐在舒适的饭厅当中，静静地享受着甜美的早餐。阳光从窗户射进来，今天是个不错的好天气。

突然，从附近的实验室中传来了一声雷鸣般的爆炸声，紧接着便是一根冲天的火柱将这个简易的实验室包裹得严严实实。

等伊曼纽尔和卡罗琳娜夫妇赶到工厂时，眼前的一切简直难以置信：工厂变成了一片烧焦了的瓦砾，场面惨不忍睹。在废墟当中，躺着五具面目全非的烧焦的尸骸，除了年轻的化学师、一位打杂工、一位女工和一位不幸的过路人外，还有老人最亲爱的小儿子埃米尔。

茫然无助的母亲久久地抱着已经停止了呼吸的埃米尔，颓然地坐在地上，放声痛哭。伊曼纽尔也经受了一生当中最致命的一次打击，他当场便昏了过去。

惨剧发生后，得知噩耗的阿尔弗雷德心急如焚地赶了回来，一面抚慰悲痛欲绝的双亲，一面还要应对警方的调查和检察机关的传讯。

为了保护阿尔弗雷德，父亲忍着悲痛为他做了书面辩护，将事故的责任都推到死去的小儿子埃米尔身上。

为了防止类似的爆炸事件再次发生，市政当局最后做出禁止在城区内进行一切与炸药有关的实验和生产的决定，此案也算就此了结了。

心爱的弟弟被炸死，遭受打击的父母都得了重病，阿尔弗雷德忍受着巨大的悲痛，尽管如此，他依然没有放弃硝化甘油的事业。硝化甘油越是不听话，阿尔弗雷德就越是要将它彻底驯服，让它为人类造福。

（二）

爆炸事故发生后，引起了人们极大的恐慌，附近的居民更是一天到晚惶惶不安。同时，这次灾难也让阿尔弗雷德尝到了失去亲人的痛苦，但却也给阿尔弗雷德带来了事业上的转机。一点点的硝化甘油就能让一座结结实实的工厂瞬间夷为平地，事实摆在眼前，硝化甘油无疑是一种威力巨大的物质，极具市场潜力。

爆炸案吓跑了那些胆小的群众，却也吸引了不少具有投机意识的有钱人，他们都看好硝化甘油的巨大市场潜力，深信这一产品定能为他们带来丰厚的利润，因此都纷纷表示愿意帮助阿尔弗雷德将新产品投入市场。

不久，阿尔弗雷德就在一位瑞典投资商斯密特的资助下成立了一个新公司。由于在城内设厂已经被明令禁止，阿尔弗雷德便灵机一动，将工厂设在了斯德哥尔摩的湖面上，工厂的主体是一艘驳船。

"这样做不但能节省运费，还能消除陆路运输硝化甘油时的许多危险因素，真是一举两得啊。"

现在要做的，就是马上买下一艘驳船，然后将工厂的主体部分安置到船上就可以开工了。

就这样，阿尔弗雷德买下了一艘废弃在湖畔的平底驳船，成立了他的"船上工厂"。很快，这艘船就开始投入使用了。

可是，就在工厂即将开工的时候，附近的船只又提出了反对意见。无奈之下，阿尔弗雷德只好把这座浮动工厂移到其他地方。

可是，"船上工厂"移动到哪里，哪里就会引起一阵抗议和骚动。最后，"船上工厂"移到了湖心才算安定下来，并开始批量生产产品。一个后来对世界产生巨大影响的跨国公司，就这样在一艘废弃的驳船上迈出了艰难的第一步。

很快冬天就来了，湖面上寒风凛冽，十分寒冷，"船上工厂"也无法再继续工作了。直到1865年3月，经过阿尔弗雷德的各方奔走，加上瑞典北大铁路工程施工的需要，瑞典政府才批准诺贝尔公司在远离斯德哥尔摩的一处荒郊温特威坎建厂。从这时起，阿尔弗雷德才将他的小工厂从那艘废弃的驳船上迁到温特威坎，建立真正的工厂。

此后由于生产规模的不断扩大，阿尔弗雷德聘请大哥罗伯特和童年时代的好友阿拉里克·利德伯克工程师来公司帮助管理和经营。

工作和勤奋是阿尔弗雷德的生活指导原则，现在，这一原则也发展到了一种登峰造极的程度。他每天都不知疲倦地到处奔走，到采石场和矿山等未来的买主那里，去表演他的爆炸程序。

为了做广告推销公司的产品，阿尔弗雷德在那些日子里还做了一件十分不平常的事：向各地邮寄散发详细的使用说明书。尽管由于使用者的马虎大意，偶尔也出现一些安全事故，但大型的矿业公司和国家隧道工程在使用过程中还是很成功的，这就大大地节省了时间和劳动力，从而增加了人们对硝化甘油和这种革命性雷管的普遍兴趣。

渐渐地，矿务界和技术刊物也都开始以一种尊重的态度来对硝化甘油进行评价和讨论了，国外也很快有人来信询问。

硝化甘油的利用，曾解决了当时最大的工程问题之一，即建筑越过内华达山脉的中太平洋铁路。在黄色炸药发明专利权（1868年）出现之前，这家铁路公司曾长期使用着流体的硝化甘油。除此之外，他们就从来没有用过黄色炸药。而阿尔弗雷德关于硝化甘油能够引爆的发现对这一家公司来说，就节省了几百万美元的资金。

经过阿尔弗雷德的辛苦奔波和耐心说明，并进行了大量安全有效、威力强大的实验之后，几乎所有的人都改变了对硝化甘油炸药的看法，转而对硝化甘油炸药感兴趣起来。

在这期间，以温特威坎的工厂为起点，阿尔弗雷德的瑞典硝化甘油公司在其他地方也陆续开办了4家工厂，其中则以温特威坎的工厂连续生产时间最长，一直达到50年之久。

（三）

硝化甘油在制成以后，需要反复清洗，除去残存的酸质后才能确保使用和运送的安全。但是，当时因技术有限，只能用试纸粗略地检验清洗，难以确保产品的纯度；同时，包装也比较落后，再加上当时人们对新炸药并不了解，对于阿尔弗雷德所告诫的种种注意事项也不全放在心上。每次装运时，货箱上都标有"小心轻放"的字样，但这样的炸药看起来似乎毫无危险。因此硝化甘油在上市以来，总是不断地发生爆炸事件。

1865年12月4日，德国汉堡的一家报纸刊出了纽约发生爆炸的事件。一位德国籍推销员将1瓶4.5千克的硝化甘油小心翼翼地放在一个箱子中准备推销，他住进一家小旅馆里。

在第二天付清账离开旅馆时，他就把放有硝化甘油的木箱交给搬运行李的工人照管，等他过几天回来取。这位工人不知道木箱里面装的是什么，所以也不在意，有时将这个木箱当成坐凳，擦皮鞋时就当成脚垫。

在一个晴朗的早晨，一位旅馆服务员无意中看到从箱子里冒出红色的气体来，就建议将这个箱子扔掉。于是，这位搬运工人就把这个箱子搬出储存室，放在了外面的街道上，自己回旅馆去了。结果就在这一瞬间，只听一声巨响，箱子被炸开了，邻居们的门前都受到了严重的损害，门窗都被炸得粉碎，街道的地面也被炸了1个深达1米多的大坑。

就在这件事发生后的一个月左右，一次更为惊心动魄的爆炸震撼了德国的不来梅港，约有200人受伤，28人死亡。

不过，这次事故并非疏忽，而是一个心怀鬼胎的美国人在作祟。他将一批货物交给一艘德国轮船托运，并在运输前买下了巨额保险。当这艘开往美国的轮船即将起航时，他在船上暗藏了一个装有硝化甘油的装置，企图在运输途中炸毁轮船，骗取巨额保险费。

然而他的如意算盘最终落了空，这枚自制的土炸弹比他预想的提前爆炸了，结果连他本人也在爆炸中丢了命。

1866年3月4日，在澳大利亚的悉尼，存放有两箱硝化甘油的货站完全被炸毁，邻近的几座房子也都被震塌，并有一些人员伤亡。

1866年4月3日，巴拿马大西洋沿岸的阿斯吕瓦尔又发生了一次猛烈的爆炸事件，"欧洲"号轮船完全被炸毁。这只船上就装有硝化甘油和其他军火，是准备经过巴拿马海峡运到太平洋的。在这次爆炸事件中，共有74人死亡，大量的战备物资被炸毁。

1866年4月16日，另一艘载运着一批硝化甘油的船经过同样的路程前往旧金山，在卸货后堆存在威尔斯—法戈公司的仓库里后来发生爆炸。爆炸就像地震一样，震撼着400多米的范围。爆炸还导致7人当场死亡，十多人受伤。数十米之内都看不到一扇完整的窗户。威尔斯—法戈公司的建筑以及附近的一切，都统统被炸成了碎片。

后来的报道证实，这一爆炸事件的发生是由于一个漏油的硝化甘油箱子在搬运时受到震动导致的，当时收货人因那个箱子损坏严重而拒绝接受。

接踵而来的爆炸事故吓跑了许多主顾，各地政府也纷纷制定相关的规定，限制硝化甘油的进口和运输。

社会的恐慌和政府的压力，必然会对硝化甘油的生产和销售产生影响，而且，硝化甘油的安全性问题也日益凸显，阿尔弗雷德也面临着新的挑战：如何才能制造出一种安全的炸药，使其成为一种既有巨大威力、又安全可靠的产品呢？他很清楚，只有解决了硝化甘油的安全性问题，它才能得到最有效的应用，从而为社会造福。

第八章 黄色炸药

科学研究的成功和不断地发展使我们有理由相信，躯体和灵魂的细菌很快会被灭绝，将来人类对这些细菌的战争将是唯一的战争。

——诺贝尔

（一）

从不断发生的爆炸事故中，阿尔弗雷德也给自己确定了新的研究课题：制造出一种安全的炸药，使它可以用雷管引爆，这样在运输或贮存中即便受到撞击、遇热也不会爆炸。

首先，阿尔弗雷德从研究硝化甘油的安全运输入手。

一开始，他在无爆炸性的溶剂甲醇中加入硝化甘油，相信已经得到了满意的结果，认为如果加入足够量的甲醇，就可以使硝化甘油和甲醇的混合物在运输过程中不会发生危险。在应用前，先将混合物倒入水中，甲醇溶于水，而甘油不溶，这样就可以除去甲醇，使应用爆炸油的人不至于遇险。

另外，加入甲醇还能防止硝化甘油在运输或贮存过程中冻结。

可是，这样做的缺点是过程过于繁琐，没有人愿意用麻烦的东西，而且炸药本身以液态出现也实在不方便。

阿尔弗雷德又提出可以将它们冰冻，然而面对的问题是：在气温高一点的地区依然行不通。

"与黑火药可以混合吗？"在研究过程中，阿尔弗雷德的助手问他。

"这个方法我父亲曾经试验过，但因为黑火药不太容易吸收硝化甘油，所以不是十分理想。"阿尔弗雷德说。

"可是，它一定要与其他物质混合才行，否则怎么能够成为固体呢？"

"你说得很对！我以前怎么没有想到这一点呢？我就将硝化甘油与其他物质混合起来试一试。"阿尔弗雷德仿佛找到了新的思路。

伊曼纽尔就曾经用黑色火药与硝化甘油混合，尝试制造新的固体炸药，但就是由于没有找到合适的吸附剂，才最终失败。这一次，阿尔弗雷德吸取父亲的经验，决心研制出一种新的吸附剂，使它能够吸收硝化甘油，又能让炸药保持较大的爆炸力，同时还要制造简便、贮运安全。

刚开始时，阿尔弗雷德发现，用锯木屑混合硝化甘油可以引起爆炸，但木屑粉却不是很容易吸附硝化甘油，因此爆炸力也相对较小。于是，他又用土、陶粉等混合，进行各种各样的混合实验。

阿尔弗雷德一边潜心研究混合物，一方面又到他曾经学习过的美国去调查爆炸事件的情形。在美国的调查结果要远比他想象得更严重，阿尔弗雷德简直是触景生情，想起可怜的弟弟埃米尔，十分难过。

"无论如何，我一定努力研制出一种安全的硝化甘油炸药。我怎么能眼睁睁地看着那些无辜的生命一再地牺牲呢？"

阿尔弗雷德在回到德国的克鲁伯工厂后，更是无时无刻不在思考着制造安全的硝化甘油的事情。这时候，大哥罗伯特给他寄来了一封信：

阿尔弗雷德，你用木炭粉加入硝化甘油的构想的确很正确，混合了木炭的硝化甘油无论在运输还是使用上，都比液体时方便安全，而且威力也没有减弱。看来，你期盼的东西已经产生了。

原来罗伯特已经做过实验了，但阿尔弗雷德还在思考：有没有比木炭粉更好的混合物呢？

老天总是眷顾那些有所准备的人，阿尔弗雷德的毅力和努力也终于换来了成功。在一个偶然的机会下，阿尔弗雷德茅塞顿开，终于找到了最佳的混合物质。

（二）

有一天，阿尔弗雷德无意中发现一只马口铁罐出现了渗漏，黏糊糊的硝化甘油从铁罐中淌了出来，刚好流到下面的硅藻土中。

遇到了硅藻土的硝化甘油并没有继续流淌开去，而是很神奇地被硅藻土吸收了，形成了一团糯糊状的东西。

看到这样的情形，阿尔弗雷德顿时来了精神。为了验证刚才自己所看到的没有错误，他又从铁罐中倒出一些硝化甘油，并且仔细观察这些硝化甘油在遇到硅藻土之后所发生的变化。

一系列的变化让阿尔弗雷德意识到，他追寻已久的答案可能就在这种随处可见的白色物质当中。阿尔弗雷德按捺不住内心的激动，小心翼翼地收集了一些糊状物，又捧了一大把硅藻土，飞快地跑回了实验室。

在实验室里，经过多次试验，阿尔弗雷德最终找到了一种将"硅藻土"和硝化甘油搅拌起来的最佳方法。硅藻土是微生物的躯壳沉积下来而自然形成的一种非常轻的土,颗粒上有许多小孔,因而也具有很强的吸附能力,可以吸入硝化甘油,并且吸入硝化甘油的能力是木炭粉的3倍。硝化甘油被吸收后,就会与硅藻土合为一体,变成一种黏土状的东西,剩下的就是要实验它是否安全的问题了。

其实,在选用木炭粉还是硅藻土作为吸附剂的问题上,阿尔弗雷德曾经过较长时间的考虑,他的哥哥罗伯特也曾经参与到这项试验当中来。

阿尔弗雷德发现,含有酸质的硝化甘油与木炭在一起时,可能会含有不安全的因素。因此,他下决心用硅藻土,因为它在吸足了硝化甘油后性能仍然稳定,晃动和冲击都不会引起爆炸,用火烧也没关系,只有用雷管才可以引爆。他让一份经燃烧筛选过的硅藻土吸附三份硝化甘油,制成了处理方便、爆炸力强的安全炸药,其爆炸力为一般火药的5倍,比液体硝化甘油的威力减低22%,但它却克服了以前炸药对冲击波及温度变化过于敏感及不易搬运等特点。而且,它还有一个优点,就是能将炸药装入纸管,插入岩孔当中。

1866年,爆炸事件频发,就连德国克鲁伯的工厂也未能幸免。克鲁伯工厂发生大爆炸后,给阿尔弗雷德留下了一片废墟。

这年10月,阿尔弗雷德在克鲁伯工厂的废墟上建立了一个简陋的小型实验室,在里面进行了多次试验,以检测用硅藻土作吸附物的安全性。

首先,他把吸附了硝化甘油的硅藻土团从高处抛下来,没有发生爆炸;又把它放在铁板上用铁锤砸,依然还是没有爆炸。如果是液态硝化甘油炸药,这样一定会发生强烈的爆炸。

为了使这种硅藻土和硝化甘油的混合物爆炸,阿尔弗雷德又进行了各种实验,最后终于得到了满意的结果。

到了最后实验爆炸效果的步骤,阿尔弗雷德的内心感到十分紧张,他很担心这最后一步的实验会失败。

他把用黏土搓成的棒状硅藻土硝化甘油炸药塞入洞中，然后用雷管点火。这时，这种吸入了硝化甘油的硅藻土终于发生了剧烈的爆炸，将岩石炸得粉碎。

阿尔弗雷德日思夜想的安全而爆炸力强烈的炸药终于被研制出来了。一直对阿尔弗雷德的才能和勤奋坚信不疑，并在远方祝愿他成功的父母，以及无论在任何时候都竭尽全力帮他的哥哥们，此时都为阿尔弗雷德的成功感到由衷的喜悦。

硅藻土在汉诺威一带十分常见，一开始根本没有人注意它，自从阿尔弗雷德用它做硝化甘油的吸附剂后，这种毫不起眼的白色物质一下子就受到了关注，被誉为"白色金子"，摇身变成了一种极有价值的新材料。

阿尔弗雷德还给他新发明的安全炸药起了一个名字——猛炸药，音译为"达纳炸药"。"达纳"一词源于希腊语，是"力量"的意思。一号猛炸药含有75%的硝化甘油，25%的硅藻土。不久后，阿尔弗雷德又研制出了二号猛炸药，含硝化甘油66%。

实验证明，这种新型的炸药非常容易驯服，硝化甘油的个性终于变得温顺了。

由于受到早年在克鲁伯制造硝化甘油产生的一系列可怕后果的影响，阿尔弗雷德这一次变得十分慎重。他又经过了几个月的研究，直到认为满意才结束。

1867年初，阿尔弗雷德在德国为"达纳炸药"申请了专利。此后，人们都习惯性地将这种炸药称为"黄色炸药"。它一经问世，就显示出了非凡的威力，受到人们的广泛欢迎。

（三）

　　"达纳炸药"的名字在世界各地不胫而走，以前曾对硝化甘油怀有恐惧感的人，曾指责、反对过阿尔弗雷德的人，现在也都改变了看法。报纸也开始纷纷赞扬阿尔弗雷德，称他是"一位不向任何困难低头的青年发明家"。

　　在"达纳炸药"发明之后，阿尔弗雷德并没有沾沾自喜，而是继续研究和思索。他想再对"达纳炸药"进行改良，以研制出一种威力更为强大的炸药。

　　达纳炸药的成分是硝化甘油和硅藻土，硅藻土虽然能够吸入大量的硝化甘油，但它毕竟是土，本身不能燃烧，也不能爆炸。于是，阿尔弗雷德就想：

　　"要是将硅藻土换成其他具有爆炸性能的物质，那么炸药的爆炸力不就更大了吗？"

　　按照这种思路，阿尔弗雷德又开始进行不断地研究和实验。

　　在一次进行实验的过程中，试验管不慎破裂了，阿尔弗雷德的手也划破了。助手费鲁巴赫赶紧跑去拿急救箱，然后找来一块名叫硝棉胶的创伤膏贴在阿尔弗雷德的手指上，但伤口还是很痛。阿尔弗雷德觉得，这一定是有什么东西渗过硝棉胶刺激到伤口了。

　　硝棉胶之所以能做创伤膏，是因为它能被弄成像糨糊一样的薄膜。硝棉胶的主要成分是一种叫作硝化纤维的具有爆炸性的物质，想到这点，阿尔弗雷德迅速地取出一点硝棉胶液，然后将它与硝化甘油混合到一起。

　　通过用各种比例混合进行试验后，混合物最终形成了一种十分合适的状态，即形成了像糨糊一样的黏稠状物质。阿尔弗雷德经过验证后发现，这种物质就像糨糊状的硝化甘油，爆炸力也相当不错。

这一意外的发现让阿尔弗雷德再一次雀跃不已。为了让这种新的炸药具有更加优良的性能，他又进行了很多次实验。根据阿尔弗雷德的实验日记记载，他和助手们共进行了250次危险的实验，同时还在阿尔弗雷德的4个主要工厂反复进行了更大规模的实验。

阿尔弗雷德将这种再次改良后的炸药称为"胶质炸药"，并于1875年公布，随后便在英国、美国、德国等国家取得了专利权。这种炸药不怕砸、不怕摔，点火也不会燃烧，所以无论是远途运输还是正常使用，都十分安全。而且由于胶质炸药比达纳炸药的爆炸威力更强大，还可以很容易地用于任何重大工程，工作效率大大提高。

硅藻土炸药及后来的改良型号，为世界带来了一场具有深远意义的革命。在黄色炸药刚刚进入世界市场时，从前因时间和费用限制而不敢开启的矿业、工业和交通运输等工作，都很快开始动工。与此同时，阿尔弗雷德的炸药还为蒸汽机时代增添了一份耀眼的动力。现在，"黄色炸药"是用硝化甘油作为主要成分的100多种不同炸药的总称。

由于儿子的成功，伊曼纽尔也看到了他毕生都梦寐以求的炸药终于进入了光辉灿烂的时代。1868年，是令伊曼纽尔和阿尔弗雷德父子两人感到无比骄傲的一年。这一年，瑞典皇家科学院授予诺贝尔父子莱特斯迪特金质奖章，这是专门用来表彰那些"在艺术、文学或科学领域作出巨大贡献，以及那些对人类有实用价值的重要发现"的人的。此次颁奖，就是为了表彰诺贝尔父子所做出的"对人类具有实用价值的重大发现"。

其中，对伊曼纽尔的颂词是："表彰他在使用硝化甘油作为一般性炸药方面的贡献。"

对阿尔弗雷德的颂词是："表彰他做出了达纳炸药这样一种更为实

用的发明。"

此时的伊曼纽尔虽然已经长期卧床不能动弹了，但在有生之年还能荣获祖国给予他的最高奖励，他心里感到由衷的高兴和满足。而阿尔弗雷德在事业上的成功，也让父母在经济上得到更多的资助，从而心安理得地安享晚年。

在达纳炸药发明并逐渐投入使用后，阿尔弗雷德的事业迎来了一个新的大发展时期。在瑞典、挪威和芬兰的硝化甘油公司都立即扩大，以便大量制造这种炸药。此时，阿尔弗雷德对炸药的兴趣绝不低于几年前对硝化甘油的痴迷。

但是，有关当局因出于安全考虑，仍然禁止进口这种以硝化甘油为主要成分的黄色炸药。一些矿业人士则更喜欢那些便宜的液体炸药，因为他们觉得那种炸药性能更好。甚至有人说，黄色炸药只不过是被冲淡了的爆炸油，是出售者为了获得高额利润而弄出来的东西。

整个19世纪60年代，人们都在激烈地争论着这种黄色炸药的性能。直到70年代，黄色炸药才逐渐站稳脚跟，并在实际上控制了市场。

第九章 实业遍天下

　　人生最大的快乐不在于占有什么，而在于追求什么的过程中。

——诺贝尔

（一）

　　自从1865年3月迁居德国汉堡后，6月，阿尔弗雷德组建了"阿尔弗雷德·诺贝尔公司"，并于这年冬季开办了克鲁伯工厂。

　　然而在1866年的一次爆炸事故中，克鲁伯工厂被炸成了废墟。后来因发明了达那炸药，克鲁伯工厂才得以重新恢复。

　　从1865年到1873年的这段时间中，阿尔弗雷德的住宅和他的实验室一直都设在工厂的所在地——克鲁伯，而"阿尔弗雷德·诺贝尔公司"的营业办公室则设在德国汉堡。

　　克鲁伯工厂所生产的达那炸药通过汉堡这个欧洲当时最大的海港，源源不断地运往德国各地，并且很快又销往欧洲和其他海外市场。直到1870年，世界各地陆续建立起了一些新的工厂，基本上达到了自产自销后，这种供货业务才逐渐停止。

在1866年的春天，阿尔弗雷德将克鲁伯工厂的生产安排妥当后，便前往美国进行访问。

同年的8月14日，阿尔弗雷德在美国取得了制造和使用硝化甘油的专利权，人们很快就认识到了生产它的可能性。由于爆炸油是在美国南北战争后进入美国市场的，当时美国正处于恢复和发展阶段，要建立铁路，向西部的黄金和石油产区扩展，因此，爆炸油在美国的矿业和民用工程方面得到了很大的拓展。

经过阿尔弗雷德的不断努力，虽然有些美国人极力反对使用硝化甘油，但他还是在美国开设了一家"美国爆炸油公司"，纽约的一些股东也加入了。

然而，"美国爆炸油公司"最终被一些股票经纪人控制了，变成了一家诈骗性的企业，情况十分严重。而且由于股东的诈骗行径，阿尔弗雷德对企业的组织和经济调整也无法实现。他们将阿尔弗雷德的配方略加改动，冠以高效炸药、双硝炸药、大力士、铁路炸药等新名称，然后竞相进入市场。这不仅抢走了阿尔弗雷德的市场，还威胁到了他的专利权。

无奈之下，阿尔弗雷德不得不撤出美国，从此再也没有去过那里，并且还经常以批评和讥讽的口吻提到美国：

"我终于发现美国的生活绝不是愉快的。对金钱的过分追求，破坏了人与人之间的交往乐趣；为了那些想象的需要，而毁掉了廉耻感。"

当瑞典和德国的炸药工厂业务发展得十分兴旺之时，阿尔弗雷德又给自己制定了新的目标——准备进军英国和法国市场。

英国是一个保守国家，英国人一贯小心谨慎，不喜欢冒风险。虽然阿尔弗雷德在1867年就已经获得了英国方面关于硝化甘油的专利证，但由于爆炸事故频发，保守的英国便大造舆论，反对硝化甘油的制造和进口。

1869年，迫于舆论压力，英国议院通过了一项名为"禁止在大不列颠制造、进口、销售和运输硝化甘油以及任何含有硝化甘油的物品的规定"的法案。这样一来，英国将国门关闭得更紧了，根本不给阿尔弗雷德一点机会。

英国之所以这样反对阿尔弗雷德进入，主要有两个原因：一是因为英国人非常小心谨慎，对稍有危险的事情也是万分警惕；二是因为英国当时有一位名叫阿贝尔的火药发明家，他向政府做了大量的工作，暗中阻止硝化甘油进入英国。

阿贝尔教授这么做，部分是出于私心。因为此时他正致力于火棉的应用开发，而阿尔弗雷德的炸药一旦进入英国市场，就势必会冲击他的产品，甚至会抢走大部分火棉的市场份额。

所以，阿贝尔便利用自己政府和议会科学顾问的身份，恶意抨击达纳炸药的危险性，宣扬阿尔弗雷德的黄色炸药是一种比硝化甘油更加危险的产品。

但是，阿尔弗雷德并没有放弃，他用流畅规范的英文起草了一封信件寄到英国调查委员会，为达纳炸药的安全性进行辩护。同时，他又向学术界发表了一篇论文，进行公开的实验，努力让人们了解达纳炸药的真实面貌。

阿尔弗雷德的努力终于有了成果，这时，英国对高效炸药的需求也越来越多，政府终于认识到了这条禁令对国家利益的损害，于是指定阿尔弗雷德在苏格兰开拓市场。

随后，一大批苏格兰银行的老板和实业家们围着阿尔弗雷德，在一起进行了热烈的商谈，最终决定在苏格兰西海岸的阿岱尔附近的荒凉沙丘中建造一个工厂，这就是"英国达纳炸药公司"。

从开始建立直到今天，"英国达纳炸药公司"一直都是世界上最大的达纳炸药制造工厂。

此外，还有两座附属工厂也很快就动工了，一座专门生产雷酸汞，另一座则生产雷管，为炸药提供引爆器材。

由此，阿尔弗雷德的炸药工厂终于在英国扎下了根。

（二）

1868年，阿尔弗雷德又来到了法国巴黎，准备在法国申请开办公司和工厂，结果他的要求遭到了拒绝。因为法国当时实行的是国家专卖政策，这是为生产和销售炸药而制定的政策，也包括硝化甘油和安全炸药，所以法国政府当局对阿尔弗雷德是采取阻挠态度的。

就在阿尔弗雷德一筹莫展之时，在一个偶然的机会，他结识了年轻的实业家保罗·弗朗塞·巴布和他的父亲。当时，巴布正在协助他的父亲经营一个冶金厂，名为"巴布父子锻铁公司"。

巴布与阿尔弗雷德一见如故，并且十分钦佩阿尔弗雷德；而阿尔弗雷德也对巴布的聪明才智和过人精力赞不绝口。

阿尔弗雷德认为，巴布是个不可多得的人才，无疑可以成为自己在法国乃至世界拓展市场的最佳合作伙伴。而有远见的巴布也很看好阿尔弗雷德的炸药事业。两人一拍即合，很快就签订了合约，共同成立了一家公司，在法国开发利用阿尔弗雷德的发明，阿尔弗雷德出技术，巴布提供所需资金，两人合作十分默契。

在当时，法国是坚持不允许阿尔弗雷德在法国建立达纳炸药制造厂的，两人只好努力地四方游说。但还未等两人的说服工作取得成效，1870年7月，普法战争就爆发了。

当时的德国被称为普鲁士，战争中的普军也因为使用甘油炸药而一连攻破法军许多重要阵地、桥梁和工事，攻势异常迅猛。法军虽然尽力死守，但火药的威力根本比不上德军，法军屡次败北。

法国急于遏制德国在欧洲的势力扩张，这势必就要推进工业化进程。对于阿尔弗雷德来说，这就是一次千载难逢的好时机。很快，他们就在法国的南部便建成了达纳炸药制造工厂。

有了巴布的协助，阿尔弗雷德的工厂业务发展也是势如破竹，锐不可当。一家又一家的炸药厂陆续建立起来，几乎遍及了法国各地。

可惜的是，巴布因为应征入伍，在战争刚开始不久就到前线去了。后来法国都尔陷落后，巴布被普军俘虏，1871年5月战争结束后才回到法国。

战争结束后，阿尔弗雷德与巴布商议，虽然战争结束了，但法国和德国的敌意依然很浓，而法国又急于遏制德国在欧洲的势力，这就势必会同其他小国结成同盟，以便借这些小国家的力量牵制德国。那么，这时他们想要在这些小国家建厂的话，法国银行一定会给予很优厚的条件贷款给他们。

可以说，这是阿尔弗雷德在其他各国办厂的最佳时机。两人达成一致意见后，雷厉风行的巴布便立刻奔走起来。在短短的两年内，在西班牙、意大利、瑞士、葡萄牙等国家，一座座达纳炸药厂相继建立起来并投入生产。

在19世纪70年代，阿尔弗雷德的公司、工厂几乎遍及整个欧洲，获得了巨大的经济效益。为此，他也学习并精通了几种语言，经常周游各国，长期待在国外。如果真有一种四海为家的人，那么阿尔弗雷德算是很典型的一个了。他经常说：

"我的故乡就是我工作的地方，而我则到处工作。"

但在内心深处，阿尔弗雷德深知自己是个瑞典人，那里有他最爱

67

的亲人。他也常常怀念在瑞典的生活，一旦有可能，他就会跑回瑞典看望家人。

（三）

虽然工作上有巴布这样的得力助手帮忙，但阿尔弗雷德还是有很多烦心事，一家家的炸药厂星罗棋布、纵横交错，遍及世界各地，这也让阿尔弗雷德的工作量急剧增加，很多事情都需要阿尔弗雷德亲自出面解决。

而且随着事业的不断发展壮大，一个尖锐的矛盾也在困扰着阿尔弗雷德，那就是阿尔弗雷德的公司与其他炸药公司之间产生的激烈竞争。看到诺贝尔公司的火爆生意，其他炸药公司自然眼红不已，于是纷纷致力于生产新型炸药。

不但如此，就连诺贝尔公司内部的各个工厂之间也开始互相争夺市场。尤其是欧洲以外的一些国家，企业内部出现了不体面的竞争。

为了解决这一因公司庞大而产生的问题，阿尔弗雷德与巴布进行了一次长谈：

"自己的公司与厂家之间本不该存在这种竞争关系，最起码应该保持对外一致，联手对付我们共同的竞争对手。然而事实却出乎我们的想象，现在各地的工作都要各自为政，彼此之间也不愿意交流信息。这让我非常担心，他们这种状态就好像是一批士兵，虽然各个骁勇善战，但没有将军来领导，不仅不能联合起来对付外敌，然而还会导致内部矛盾，自相残杀。这样下去，我们的很多利润就会彼此抵消掉，而且也不利于公司和工厂的长期发展。"

巴布也意识到了问题的严重性，并且很赞同阿尔弗雷德的说法。

他觉得，现在最主要的就是要建立一个领导核心，找到一个合适"领袖"，由这个"领袖"来制定经营策略和措施，统一调配管理所有的公司和工厂，这样才能达到理想的效果。

经过一段时间的准备工作后，阿尔弗雷德将所有工厂都归于一个新建立的公司——"黄色炸药和化工品生产总公司"进行管理，总部设在法国巴黎，资本为300万法郎。

到了1884年，该公司的股票资本已经增加到400万法郎。

而瑞士和意大利的工厂则由设在伊斯尔顿的"诺贝尔黄色炸药联合公司"接管；西班牙和葡萄牙的市场则通过在毕尔巴鄂的"西班牙黄色炸药公司"进行协调管理。

在普法战争结束后的4年，即1875年，阿尔弗雷德在巴黎又成立了"黄色炸药制造辛迪加"，是一家专门为所有黄色炸药公司服务的国际技术咨询机构，由当时黄色炸药制造方面的一流专家，瑞典人阿拉里克·利德伯克负责。

在这一时期，欧洲也出现了大规模的企业合并现象。1886年，阿尔弗雷德又组建了英德和拉丁两家托拉斯公司，为此后在工业和商业方面的大发展奠定了基础。

英国—德国托拉斯——"诺贝尔黄色炸药托拉斯有限公司"的总部设在英国伦敦，股金为200万英镑，先后由13家公司组成。而阿尔弗雷德一直负责着这项巨大的协调工作。

由于分散意愿过于强烈，英德托拉斯经过长达25年之久的合议，最终获得了巨大的利润。直到第一次世界大战爆发后，强权政治才终结了这个国际公司。1915年，公司的财产被各国的股东所瓜分。

在一战期间，英国的"诺贝尔炸药公司"也被迫进行几乎百分之百的军工生产，成为战争期间帝国防御和战斗力的一个决定性因素。

1918年11月，战争结束后不久，英国人将以诺贝尔炸药公司为核心的整个英国炸药工业合并起来，组建了庞大的"炸药贸易有限公司"，这也是"英国炸药工业史上最为重要的发展"。该公司于1920年改为"诺贝尔工业有限公司"，包括17家经营炸药及其副产品的大型企业，以及无数的附属公司和工厂。

到了20世纪20年代的中期，国际竞争日益激烈，德国等国的大型企业都需要寻找新的市场，于是便合并成为巨型的企业"I.G化学工业有限公司"。在1915年以后，德国诺贝尔企业曾与这家垄断公司保持着良好的合作关系。

然而，这种情况也逐渐影响了诺贝尔工业公司在英国的市场，他们也不得不采取措施进行应对：1926年，诺贝尔工业公司同三家英国的大化学公司——布伦纳与蒙德公司、联合碱业公司以及英国燃料公司合并，从而形成新的强大托拉斯——"帝国化学工业有限公司"，从而让不利的竞争局面得以减弱。

从1939到1948年间的二战期间，"帝国化学工业有限公司"又被强行变成了军工企业，生产规模也日见萎缩。然而，他们继承了阿尔弗雷德的坚毅精神，克服了资金及货源等方面的重重困难，最终重获生机。

可以说，阿尔弗雷德不仅是个伟大的发明家，还是一个极其精明的企业家。他终生都坚守着自己研究、自己创造、自己生产、自己销售的不变法则。而他所创立的托拉斯运营组织，也已为世界各大跨国公司所效仿，这也是阿尔弗雷德在商业上所取得的巨大成就。

第十章 创办诺贝尔兄弟石油公司

我更关心生者的肚皮，而不是以纪念碑的形式对死者的缅怀。

——诺贝尔

（一）

在19世纪60年代，罗伯特和路德维希都曾在芬兰和俄国以各种设想奋斗过。经过多年的艰难打拼，在70年代初期，他们终于在圣彼得堡建立了自己的生产机器和武器的工厂，从而成为他们的父亲从事过的老机器制造业中的主要企业家。其中，路德维希所建立的枪炮制造厂通过提供第一流的军用产品，曾在亚历山大二世和三世决定命运的时代，在民用和军用方面取得了良好的声誉。

1871年时，路德维希接到了一批来复枪的订单。然而来复枪在投产后，却遇到了不少困难，最大的困难就是找不到制作枪托的木材。对于来复枪来说，最理想的枪托制作材料就是核桃木，而这种木材在圣彼得堡附近却买不到。

后来，路德维希听说在高加索山区盛产这种木材，就托大哥罗伯特跑一趟，对高加索山区进行一下实地考察，以便了解核桃木的运输、成本等问题。

不久后，罗伯特就前往高加索山区进行考察，而这次远行也成为他一生当中得益最大的一次旅行。

刚开始时，考察结果让罗伯特很沮丧，因为这里的核桃木虽然多，可分布过于分散。如果要采购这里的木材，在运输时就势必会耗费一笔高额的费用。

离开高加索后，罗伯特在回圣彼得堡的路途中，沿着伏尔加河走向了世界上最大的内陆湖——里海。

在接近里海时，罗伯特站在巴库的土地上，顿时感到阴气深深，处处都笼罩着阴云。这里不见泥土，没有海水，眼前能看到的，只有一片绵延不绝的荒漠。荒漠里的黑色沼泽地星罗棋布，而且到处都有火焰升腾，黑色的烟雾盘旋在空中。

早在十几年前，罗伯特还在芬兰以制灯为生时，曾与石油接触过，因此对石油也颇为了解，当然也知道石油的利用价值。现在看到眼前的景象，罗伯特想：这里到处都是石油，却没有人利用，实在是太可惜了！

罗伯特随即便决定对巴库地区进行一番考察。于是，他找到当地的一些居民，与他们攀谈起来。通过交谈，罗伯特得知，这里早就出租给两个俄国人了，他们现在正用非常原始的方法开采石油，赚一点小钱。并且还听说，土地租用的合同一年前就到期了，而那两个俄国人对这里的兴趣也不大，看起来并没有继续租用的意思。

罗伯特又好奇地问他们是怎样把石油运出去的，其中一人告诉他：

"自然是沿着伏尔加河了！他们把油装在船上，沿着伏尔加河逆流而上，运到其他地方。而那些船主看他们没有别的出路，还经常向他们漫天要价。"

"要是能修一条铁路，运油可能就方便多了。可如今，谁会拿这么多钱出来修路呢？"另一人接着说。

了解了巴库的情况后，罗伯特的内心开始激动起来。他还特意去看了一些油井，发现那里油源十分丰富，石油的质地也很优良。这么好的石油，开采时多花点钱也是值得的。

罗伯特随即便返回了圣彼得堡，兴致勃勃地向路德维希描述了自己在巴库所看到的景象，并表示如果用他的方法炼油，一定可以大有所成。

路德维希对哥哥的想法也很赞同，并表示愿意提供资金，两人合办了一家小炼油厂。

（二）

1873年，通过对高加索巴库丰富的石油储藏进行的幸运接触，罗伯特果断地购买了那里的一些开采特许权，两兄弟的事业开始进入一个新的领域。

不久后，罗伯特就搬到了巴库，在极其困难的条件下，以巨大的精力工作着。没过多久，小炼油厂就取得了良好的效益。

1877年，在巴库地区已经有不下200家的小型石油企业了，但都是由一些全无训练的企业主，用非常原始的方法经营的。他们总共生产大约7.5万吨炼制过的石油，而罗伯特·诺贝尔一个人的小工厂就生产了2500吨。事实也证明，只要增加投资，取得巨额利润是毫无问题的。

在前5年中，路德维希准备用自己的资本为这家小工厂提供资金，然而当石油源源不绝地开发出来，以及在石蜡油成为俄国通用的照明油导致对不同种类的石油需要量不断增加后，最主要的就是扩大经营规模，以便维持其盈利能力，并迎接不断出现的竞争。

这时，一些大一点的公司就开始从某些银行企业取得资金，以采用罗伯特工厂的那种比较现代化的勘探和生产方法的手段来开采石油。俄国对石油产品所征收的出口税最高，但却没有进口保护，这就意味着当时在全世界迅速发展的洛克菲勒的美孚石油公司也出现在了俄国的市场上，结果使得本国生产的石油价格大跌。

在这种情况下，路德维希曾试图同这一大群制造商就持久价格达成协议，但一直没能达成一致，因此，他便进行更大的计划，通过使企业合理化和大规模扩建的办法投入到竞争当中。

但是，这也需要有巨大的资本做后盾。为此，路德维希找到了阿尔弗雷德，向他谈了自己的想法。凭借一个企业家的敏感直觉，阿尔弗雷德觉得这是一个开创事业的好机会。

于是，1879年，由阿尔弗雷德投资的"诺贝尔兄弟石油公司"正式挂牌成立了。这家公司由兄弟三人和路德维希的搭档彼得林上校合股经营。

公司的总部设在圣彼得堡，股金资本为300万卢布，由10名股东持有。路德维希用他所有的资产取得了公司的多数股票，阿尔弗雷德占三十分之一，而罗伯特则因发现和创始工作，被给予10万卢布的股票。

针对油田距离巴库炼油厂的距离较远的问题，阿尔弗雷德认为，按以往的方法，先将原油装入一只只木桶中，然后再用车子将木桶运到巴库进行提炼，不仅浪费时间，还要付出极高的运费。因此，他建议在油田和巴库炼油厂之间铺设一条输油管道，来解决这一问题。

在阿尔弗雷德的启发下，路德维希也开始思考起来。因为石油从水路运输的方法就是先将石油装入木桶，然后将木桶装上船，这样的方法十分笨重、繁琐。为了寻求简便的运输方法，路德维希充分发挥了自己在机械方面的特长，设想：如果将一艘船设计成一只只移动的大木桶，那么本来需要两步完成的工作就可以合并成为一个步骤。

因此，他立马动手设计了一艘运油船，并由斯德哥尔摩造船厂负责制造。这艘名为"索罗阿斯特拉号"的运油船也成为世界第一艘运油船。

诺贝尔兄弟石油公司以迅雷不及掩耳之势迅速崛起。10年后，公司已经拥有海上运输巨轮20艘，油槽车1500辆，并有了贮油用的大油池。而阿尔弗雷德提议铺设的输油管道在竣工后又改成了双线，每年有6.8万吨原油通过管道运送到巴库炼油厂，提炼出大量的石油，运往世界各地。

（三）

19世纪80年代最初的几年，石油公司获利很多。然而大量的收入很快就被公司经常性的扩建所吞噬，这也意味着公司很快就会感到资金的周转不足。当支出的年度报告和路德维希更大的工程计划送到阿尔弗雷德手中时，他感到有些担忧，并对哥哥路德维希提出过一些警告。

路德维希无疑是个十分优秀的企业管理者，但他却有一个致命的弱点，就是做事只顾眼前，不顾后果。在企业的发展上，他喜欢不断扩大经营规模，不等一个项目完成，他就开始谋划另一个项目了。

然而，这种做法确是后患无穷的——因为需要不断投入资金，购买新的设备，扩建新的厂房，而新增加的部分还没来得及创造效益，公司的资金就已经用完了。这时一旦遇到重大事件，根本就无力扭转乾坤。

为此，阿尔弗雷德不止一次地提醒过路德维希应该有所克制，等资金上确有把握后再进行扩建也不迟。虽然如此，阿尔弗雷德还是不遗余力地为公司提供财政援助。

1883年，阿尔弗雷德终于忍不住去了一趟圣彼得堡，结果发现：纯粹的技术建设和巴库发展工作的制度表是正常的，但账目的管理方面却比较混乱。于是，阿尔弗雷德大刀阔斧地砍掉了一些夸张的工程，这一次他还允许自己被选为公司董事。

当时，诺贝尔石油公司对提供油罐车辆和油轮的公司负债很多，而国税还要照付不误。巴黎和圣彼得堡的银行家刚茨伯格威胁要收回100多万卢布的贷款；而在伦敦和巴黎向著名银行寻求贷款的试探也一再遭到拒绝。

从这些情况可以很清楚地看出，诺贝尔石油公司此时的形势确实是错综复杂，困难重重。虽然阿尔弗雷德的健康状况不佳，但他还是必须亲自出面解决这些难题。他既不急躁也不拖延地提供了劝告和帮助，并且再次尖锐地批评了公司的财务专家。与以前一样，他以其丰富的经验、谨慎和对企业发展的预见，为公司提供了宝贵的援助，同时还提供了相当大的金钱帮助。

通过提供400万法郎的低息短期贷款，购买了大批新的股票证券，阿尔弗雷德使公司的形势转危为安。他还把自己的俄国公债券拿出来，作为对公司征收利润税款的保证金，以及作为从俄国国家银行借用的100万卢布的贴现贷款抵押。

这一切挽救了局势，机器开始再次运转起来。但这不过是19世纪80年代中期发生的事例之一。在这以后的很多年中，公司都面临很多困难，而路德维希和阿尔弗雷德两兄弟也因为性格的不同，存在着严重的意见分歧。路德维希总是想个人拥有和资助他的企业，从而将它纳入自己负责和完全操纵之下。他讨厌股票交易的预测和手续，这也引起了外部股票持有者的干预。

另一方面，阿尔弗雷德却认为，没有任何一个人能够事事精通，一个企业一旦步入正确的发展轨道，就应该马上放心地交给那些在各个特定方面称职的人。

因此，他反对独资经营，在自己所有的企业当中，他都只持半数以上的股份，其他的股份都留给别人。

但这两兄弟也有一个共同的特点，那就是不贪财。他们热爱工作，但对工作报酬的喜爱，只是因为它可以成为有用的流通资本，或是能用来为某些值得的目的投资。这一特点显然是遗传于他们的父亲伊曼纽尔。总体来说，两人在掌管资金方面都具有一种罕见但却无可非议的性格，只是在具体的用钱方面才会产生各自不同的看法。

诺贝尔兄弟石油公司后来变化甚大的历史，超出了本文的介绍范围，然而值得一提的是，在1842年由他们的父亲伊曼纽尔建立的机械厂以及儿子们创建的石油公司，都在诺贝尔的后代们熟练的指导下发展成为巨大的世界性企业。

为了避免实验伤害周围的人，阿尔弗雷德在朋友的资助下，租了一条大船在湖上做实验。就在硅藻甘油炸药试爆的最后一次，他亲自点燃导火剂，仔细观察各种变化。当炸药爆炸发出巨响之后，人们惊呼："阿尔弗雷德完了！……"可他却从弥漫的烟雾中爬起来，浑身鲜血淋淋地振臂高呼："我成功了！我成功了！"因此，他也被人们称为"科学疯子"。

第十一章 无烟火药纠纷

我看不出我应得到任何荣誉，我对此也没有兴趣。

——诺贝尔

（一）

在19世纪80年代，欧洲一些国家的政府因当时的政治形势，都急于想要得到一种威力更大而冒烟更少的军用火药。为此，德、英、法等国的很多化学家都在设法解决这一难题，但都没什么明显的进展。

此时的阿尔弗雷德已经十分富有了，商务活动也十分繁忙，但他始终对自己的发明念念不忘，一直思考和尝试着进一步从技术上改善他的硝化甘油产品。

1875年，诺贝尔对达纳炸药进行了改进，将硝化纤维引入到硝化甘油当中，因而发明了"爆炸胶"。

爆炸胶不仅具有强大的爆破力，而且还适合于水下作业，并具备抗震能力，几乎达到了完美的程度。然而，这种炸药也有缺点，那就是爆炸时会产生浓烈的烟雾。

为此，从1879年起，阿尔弗雷德便在巴黎郊外的实验室里着手研究无烟火药。

阿尔弗雷德的研究思路与其他人完全不同，他是从赛璐珞着手的。

塞璐珞是一种非常常见的物质，是由含氮量低的硝酸纤维素和樟脑之类的增塑剂经加工而制成的塑料。它很容易点燃，通常用于制造日用品、乒乓球和玩具等。

阿尔弗雷德认为，赛璐珞中通常都含有硝化棉，且含量约占赛璐珞总量的2/3。但因含有增塑剂樟脑，赛璐珞的密度又大，即使将它做成细粒状，赛璐珞的燃烧速度仍然很慢，不适合作为子弹的推进力。

接着，阿尔弗雷德又考虑到，如果用硝化甘油的全部或部分地取代樟脑，那么就有可能产生一种这样的赛璐珞：具有足以形成颗粒状的必需密度，将它用来代替黑色火药，装填在火器内，就会以适中的燃烧速度进行燃烧。

经过几次试验后，阿尔弗雷德发现：赛璐珞比黑色火药具有更多的优点，并且能产生巨大的推动力，不会留下任何沉渣，而且几乎不产生烟雾。

前后经过8年时间的实验研究，阿尔弗雷德终于达到了发明无烟火药的目标。

早在1865年时，英国化学家帕克斯曾发明了一种被称为假象牙的合成材料制品，这种合成材料是以硝酸纤维和樟脑等为主要原料合成的。阿尔弗雷德受此启发，对这种合成材料的成分、配比和性质等进行了研究分析。他惊奇地发现，这种材料虽然燃烧得很慢，但却没有烟雾产生。

在经过仔细的观察和分析后，阿尔弗雷德认为，这是因为其中含有樟脑的缘故。并由此推断，如果在炸胶中加入一定比例的樟脑，就有可能制成一种既高效又无烟的炸药。

又经过多次试验后，阿尔弗雷德终于确定了无烟炸药的组方：

同等分量的硝化甘油和可溶性硝化纤维素，再加上10%的樟脑。

阿尔弗雷德给这种新型的炸药取名为"混合无烟火药"，也被称为"诺贝尔炸药"或"C.89"。

1887年，阿尔弗雷德又给这种无烟炸药取名为"巴里斯梯"，并首次在法国取得专利权。翌年，它又在英国获得专利。

（二）

科学可以给人类带来进步和文明，但科学家并不都是社会的"宠儿"。阿尔弗雷德一生的成就是杰出的，但由于被迫卷入许多商业纠纷和专利诉讼，这也令他的生活时常充满了烦恼。

这一次，无烟火药的发明就引起了军事部门的格外关注，因为他们觉得，这种新产品的出现肯定会在战术方面引起根本性的变化。

阿尔弗雷德考虑到他长期居住、工作在法国，于是便最先向法国火药垄断机构"火药与硝石管理局"提供了他的这项发明专利。

不料，阿尔弗雷德的这一番好意反而遭到了他们的拒绝。

原来，在阿尔弗雷德发明混合无烟火药的前两年，法国的一位名叫维埃耶的化学教授也发明了一种很有希望接近无烟火药的产品。这种火药虽然在性能方面远远比不上阿尔弗雷德混合无烟火药，但由于维埃耶同政界有势力人物的关系，这种火药早已被法国陆军和海军方面广泛采用。

对此，阿尔弗雷德以讥讽的口吻说：

"一种赋予了强大权势的劣质火药，竟然会比没有后台扶植的优质火药更好！"

为此，阿尔弗雷德放弃了法国，转而去寻找意大利政府的支持，最终，意大利成为第一家接受混合无烟炸药的政府。随后，阿尔弗雷德就在意大利的阿维利亚纳他的工厂内，创建了一个专门生产混合无烟火药的车间。

此后不久，意大利政府想要取得混合无烟火药的生产权，于是阿尔弗雷德就50万里拉的价格，将这项发明专利转让给了意大利政府。

没想到，阿尔弗雷德的这一决定触犯了法国火药垄断当局的一些权势人物。长期以来，他们对阿尔弗雷德在法国的枪弹火药实验就怀有恶意，尤其是把阿尔弗雷德的混合无烟火药视为维埃耶火药极其危险的竞争对手。于是，法国新闻界开始猛烈抨击阿尔弗雷德，指控他将混合无烟火药的专利卖给意大利政府的行为有损于法国政府的利益。

法国的一份报纸也开始捏造事实，诽谤阿尔弗雷德，称他从他设在巴黎附近的实验室可以监视由"火药与硝石管理局"主办的实验研究所。因为那里当时正在进行着由维埃耶发明的无烟火药的实验。

随后，阿尔弗雷德的实验室便被警察仔细地搜查了一遍，并被封存起来，他的枪炮和进行试验的许可证也被吊销了，工厂里正在进行的混合无烟炸药生产也被禁止，已经制成的试验用炸药也遭到了没收。

在这种情况下，阿尔弗雷德的正常研究工作也中断了，这让他十分沮丧，决定离开这个国家。

在安排好这边的几个工厂的业务之后，阿尔弗雷德回到了瑞典，探望了他的大哥罗伯特，接着又去了设在意大利的阿维利亚纳工厂、英国阿迪尔的工厂和德国克鲁伯工厂，安排了今后的各种工作。

1891年，阿尔弗雷德离开了这座生活了18年的城市，将他的住所和实验室迁到了意大利的圣雷莫。

（三）

由于无烟炸药的发明，阿尔弗雷德在法国的生活变得十分不愉快，但却同时也引起了其他很多国家的浓厚兴趣。不久，黄色炸药时代的老对手阿贝尔教授也过来与阿尔弗雷德套近乎，并一度与他成为朋友。然而，这件事却成为阿尔弗雷德一生当中最为辛酸沮丧的事件之一。

1888年，英国政府设立了一个炸药专门委员会，主要任务就是负责寻找无烟火药的生产方法，并且及时向国防部推荐这方面的新发明和新发现，然后再将这些发明或发现付诸使用。

在这个委员会的成员当中，也包括阿贝尔教授和德瓦教授两个人。于是，他们就以委员会的名义与阿尔弗雷德取得了联系，要求阿尔弗雷德经常将研制炸药的进展告诉他们，并由他们转告给炸药委员会。

当时的英国，是个对炸药需求量很大的国家，所以阿尔弗雷德也很愿意与这个委员会建立密切的关系。于是，从1888年秋到1889年秋，阿尔弗雷德与阿贝尔等人秘密地接触了整整一年的时间，并先后向他们提供了混合无烟炸药的配方、生产方法和样品的完整情报等。

根据阿尔弗雷德提供的炸药配方，阿贝尔教授与德瓦教授对阿尔弗雷德所发明的新炸药所用的各种化学成分和工艺过程都了如指掌。

在1887年，阿尔弗雷德关于混合无烟火药的配方是：同等分量的硝化甘油和可溶性硝化纤维素，加上10%的樟脑。

在拿到这个配方后，阿贝尔教授经过研究后，认为樟脑的挥发性太强，是一种不适宜的成分，于是建议阿尔弗雷德提供一个替代品。阿尔弗雷德经过研究后，又提出用丙酮来替代的建议。

随后，阿贝尔又告诉阿尔弗雷德，不溶解的硝化棉比可溶性的硝化棉要好得多，因为可溶性硝化棉的特性太变化无常了。

此后，阿贝尔教授就不再将进一步的情况通知给阿尔弗雷德了，而是开始和德瓦教授专心研究起这些轻易得来的详细资料，并在阿尔弗雷德提供的配方基础上进行了某些改动，将配方变成了58%的硝化甘油、37%的硝化纤维素和5%的凡士林，然后再用易挥发的溶剂丙酮制成胶状物质。然后，他们又将这种胶状物质挤压成条索状，取名为"线状无烟火药"。

与此同时，他们还瞒着阿尔弗雷德，迅速地在英国和其他国家申请了专利。英国军事部门接受了炸药委员会的劝告，决定购买阿贝尔教授和德瓦教授的专利，并将这种炸药应用于英国国防海军部队。

由于阿贝尔教授在英国的声誉和人缘关系，这项专利登记一度得到保密，阿尔弗雷德一点都不知道。其实阿尔弗雷德所发明的混合无烟火药早在1888年1月31日就已经在英国申请了专利注册，注册号为第1471号。

当已经拥有阿尔弗雷德混合无烟火药专利权的"英国达纳炸药有限公司"向国防部提供该公司所生产的炸药时，阿贝尔和德瓦的"线状无烟火药"的发明演变过程才暴露无遗。

这件事令阿尔弗雷德十分气愤，他立即向炸药委员会提出抗议，指责该会会员阿贝尔和德瓦剽窃了"混合无烟火药"的制作方法。为此，阿尔弗雷德还向阿贝尔和德瓦提出：双方共同合作设厂经营。

然而，这一合理要求却遭到了炸药委员会的拒绝。因为他们要独享厚利，而不允许向他们提供技术资料的阿尔弗雷德分得一杯羹。

由于诺贝尔炸药公司曾取得过阿尔弗雷德"混合无烟炸药"的专利，因而认为现在的"线状无烟火药"侵犯了他们专利，为此提出抗议，甚至决定向法院起诉，试图通过"友好的诉讼"来解决这一争端。

这件案子在当时曾引起了很大的轰动，英国报纸竞相报道这起诉讼案。案件被提交到上诉法庭和贵族院，拖延了很长时间。

可是，审判的结果却完全出人意料：所有的法庭都驳回了诺贝尔公司和阿尔弗雷德向英国提出的索赔要求，而且原告方还被迫支付了2.8万英镑的诉讼费。

法庭驳回原告诉讼的理由是：在阿尔弗雷德发明权的登记上，曾将配方含糊地写为"以可溶性著称的"硝化棉成分，而被告使用的则是比阿尔弗雷德的可溶性硝化纤维素要好得多的"不溶性"硝化纤维素。

于是，法院判决说，原告在申请专利权时，并没有包括被告所采用的"不溶性"硝化纤维素在内。虽然原告曾在法庭上清楚地陈述："不溶性"硝化纤维素在一定条件下也可以转变为"可溶性"。

最后，英国法庭偏袒本国专家，执意判断这种表达意味着不包括那些被认为是"不溶性"的硝化纤维素，而阿贝尔和德瓦教授制造的线状无烟炸药解决了如何用不溶性硝化棉和硝化甘油制造炸药的问题。

虽然诺贝尔公司和阿尔弗雷德在这场官司中败诉了，但在案子审理期间，阿尔弗雷德的开创性工作也逐渐被人们所了解。此后，许多有影响的人士及科学家都对国防部和政府提出了尖锐的批评。

阿尔弗雷德显然对英国法庭的判决表示强烈不满，金钱上的损失都是次要的，让他最痛心的是自己蒙受冤屈，他觉得这是对一位发明者成就的侮辱。因此，他的健康状况也受到了严重影响。

诺贝尔基金和评选全部由瑞典皇家科学院诺贝尔基金会负责管理，基金会下设五个诺贝尔委员会，负责五个诺贝尔奖的具体事宜。每年的九、十月间，各个诺贝尔委员会开始为遴选下一年度诺贝尔奖获得者做准备工作。此时，他们向世界各地有名望的学者、教授及前诺贝尔奖获得者发出几千封信函，请他们推荐诺贝尔奖候选人。推荐信不得迟于来年1月31日。如迟于这个日子，只能将被推荐者列入再下一年的候选人名单中。

第十二章 涉足其他领域

在这个爆炸性的世界上能够看到开放得像玫瑰花那样鲜红的和平之花，抱着越来越真诚的希望。

——诺贝尔

（一）

作为一个发明家，阿尔弗雷德有着高度的想象力，并会将这些大胆的想法落实到试验当中，因此，他的发明业绩也十分丰富多彩。

阿尔弗雷德的兴趣并不仅限于炸药，在其他领域也都有诸多令人惊讶的发明。仅在技术和自然科学领域，他就曾涉猎过种类繁多的科目，如应用化学、电气化学、机械学、光学、生物学和生理学等等。

像父亲伊曼纽尔一样，阿尔弗雷德的创造力通常也是在一瞬间完成的，有时他甚至分不清哪些是空想的主意，哪些又属于划时代的发明设想。

随着时间的推移及想法的增多，阿尔弗雷德的不少想法都变成了现实，并且变成了专利发明。在阿尔弗雷德去世后，人们在清算他的遗产时，发现他在各国取得的专利发明不少于351项。这的确是一个令人惊叹的数字。

在19世纪80年代末期，阿尔弗雷德对火器技术方面的兴趣越来越大，但同时，他又十分痛恨战争和暴力，因此，他最终变成了一个越来越强烈反对实际使用他的这些发明的人。

阿尔弗雷德曾说：

"就我这方面来说，我希望能把所有的枪炮、它们的附属物以及一切东西，都送到地狱里去，那里是展览和使用它们的最合适的地方。"

但因对发明的热爱与执著，直到晚年，阿尔弗雷德依然在实验室里进行着这方面的发明工作，比如含有硝化甘油的导火线、枪炮的无声发射、金属的淬火与焊接，以及海上救险用的火箭等等。

早些年，阿尔弗雷德曾想用与制造炸药紧密相连的原料来制造橡胶、杜仲胶和皮革的代用品；还打算在溶解于各种半挥发性溶解液中的硝化纤维素的基础上，研制出各种油漆。

在进行试验的阶段，阿尔弗雷德还发现了许多硝化纤维素的新溶剂，这些溶剂对降低燃烧温度和腐蚀性的作用相当明显。后来，这种油漆在作为现代硝化纤维素型号的油漆成分方面显示出了非常重要的作用，并通过帝国化学公司和I.G化学公司的许多产品，闻名于整个世界。

硝化纤维素的另外一个作用是制造人造丝。在1893年至1894年间，在圣雷莫的实验室中，阿尔弗雷德与瑞典工程师斯特雷勒纳特一起进行了这方面的有关实验。

另外，阿尔弗雷德所发明的一种细孔洞玻璃压力喷嘴，在1896年也取得了专利。这种具有极微细孔眼的玻璃压力喷嘴是将硝化纤维素或赛璐珞溶液挤压出来，然后硬化成为丝状纤维所必需的工具。它的制作方法是采用很细的白金丝穿入熔化的玻璃内，然后使之冷却，再用"王水"将白金丝溶解。

后来，这种方法被许多继承者所发展，并生产出人造丝。现在，它已经拥有无数的品种和不断涌现的新名称了，成为一种畅销世界的产品。

阿尔弗雷德还对唱片、电话、电池、电灯附件等进行过各种改进实验。他甚至将粘土置于铂金管内，利用炸药产生的高温使之熔化，试图制作出人造宝石。

虽然这一试验并没有获得成功，但他这些探索性的实验工作对后来拥有更好设备的发明家产生了巨大的启发作用。

（二）

1889年，阿尔弗雷德的母亲卡罗琳娜在斯德哥尔摩与世长辞了。阿尔弗雷德在悲痛之余，将母亲遗产中分归自己继承的约为28万克朗的大部分都捐献给了瑞典社会和教育机构，并创建了"卡罗琳娜·阿尔塞尔·诺贝尔基金"，以便能够促进医学科学实验的研究。

1890年，阿尔弗雷德宣布，他希望同瑞典生理学家就该领域内的一些研究课题保持联系。当时，卡罗琳娜医学院的一位年轻的生理学家约翰森在得知阿尔弗雷德的这一愿望后，很快就同他取得了联系。

阿尔弗雷德给约翰森的信中解释说，他打算创办一所他自己的医学研究所，以便能够研究他一生都十分关注的输血课题，并说：

"如果此事可行，其结果是难以想象的。"

尽管最终阿尔弗雷德的这一想法没有取得成功，但在1900年，奥地利科学家兰德斯坦纳发现了人类血型后，才让输血成为可能。兰德斯坦纳也因此而在1930年荣获了诺贝尔医学奖。

对于其他发明家和工业家，阿尔弗雷德也都报以积极支持的态度。

在19世纪80年代时，他的哥哥路德维希处于俄国石油工业的困境时，他就提供过有效的财政援助和工业技术支持。

在1882年，他还提出了"在某些船上用爆发性发动机代替蒸汽机"的建议，并在当时就预见到石油产品一定可以作为燃料的另外一种用途。

1895年，阿尔弗雷德又与瑞典工程师鲁道夫·列克维斯特一起创建了一座电气化学公司。这也是瑞典的第一座生产电镀产品、工业及医药用化学品的公司，后来逐渐发展成为拥有几座大工厂的大型企业。在合作期间，阿尔弗雷德对列克维斯特一直都十分信任，甚至在起草自己的遗嘱时，还指定他为执行人之一。

瑞典的探险者安德烈曾想驾驶着气球考察北极。1896年，他的首次尝试失败后，便向阿尔弗雷德请求资助。

当阿尔弗雷德了解到安德烈的探险计划后，表现出了极大的热情，并很爽快地答应愿意为他下一次飞行提供援助。他说：

"无论安德烈的试验是否能够成功，是能够飞达目的地，还是只能飞到半路，这项特别的功绩本身就是一件创造性的工作，它将会产生一种新的思想和新的变革。在这方面，我也要为和平思想尽力，因为每一种新的发现都会在人类的脑海当中留下痕迹，而且会世代相传，终将会唤起新的文化思潮。"

可以说，阿尔弗雷德的特点就是始终站在时代的最前列。

在19世纪90年代的初期，阿尔弗雷德对借助空中摄影的方法来进行勘测和绘制地图这件事产生了浓厚的兴趣。

由于当时还没有出现在飞机上用照相机进行拍摄的方法，所以，阿尔弗雷德建议，可以采用气球或飞弹来实现这一目的。

在去世前的四个月，阿尔弗雷德在给他的助手的一封信中还说：

……我打算发射一只小型气球，让它携带着降落伞、照相机、计时装置或定时熔丝。当这只气球上升到适当的高度时，它就出现自动放气，或者同降落伞分离。接着，气球在下降过程中，照相机就能拍下照片来了。

同时，他还十分清楚地预见到，未来的空中交通将不是通过气球或飞艇发展起来的，而是通过借助快速推进器推进的飞机。

在1892年，阿尔弗雷德就曾经写道：

飞行真使我感到兴奋，但我们一定不要以为靠气球就能够解决这个问题。当一只鸟儿高速飞行时，只要轻轻摇动它的双翼，就能够克服重力。这不是使用魔术能办到的。鸟儿能做到的事，人类当然也能。一只红雀能在3小时内从巴黎飞到圣雷莫，我们也必须拥有高速推进的浮筏……

自从电力及其伴随物发明之后，只要四分之一秒就可以绕地球转一周。我对于我们这个小小的地球持轻蔑的态度；而对于一个要小得多的实体，也就是原子，却表示出极大的兴趣。在单独存在的情况下，或者作为宇宙万物生命细胞的一个组成部分，它的形式、运动和定数，都完全地占据了我的大脑。

10年之后，阿尔弗雷德的预言被莱特兄弟所实现了。

1903年，美国飞机发明家莱特兄弟设计了有史以来人类第一架有人驾驶的飞机，并于同年12月17日在基蒂霍克试飞成功。

虽然这次试飞的时间仅有59秒，飞行距离也不过约260米，但却首次使人类的飞行梦想变成了现实。

（三）

1891年，阿尔弗雷德与瑞典军事部门的一位发明家昂哥上尉相识，并进行合作，结果研制出了一种军用发射火箭。

第二年7月，阿尔弗雷德在英国取得了这项发明的临时专利。9月，昂哥上尉到圣雷莫访问，与阿尔弗雷德签订了合作协议。该协议内容除了这项发明以外，还包括许多其他的发明项目。在合作过程中，昂哥上尉负责产品的制造，阿尔弗雷德负责产品的研发和实验工作以及申请专利等等事宜，最后按利润进行分成，阿尔弗雷德分得三分之二，昂哥分得三分之一。

然而按照这份协议，这些发明直到阿尔弗雷德去世都没有全部完成。后来，有关导弹制造的设计被别人买走，并在德国进行了进一步研究修改。

后来有人推测，这种军用火箭之所以对阿尔弗雷德产生如此巨大的吸引力，正如人们所熟悉的空中鱼雷一样，它不仅具有一定的军事意义，还可以作为船舰的安全装备，同时还是两次世界大战中令人畏惧的V1和V2武器的前身。

当助手拉格纳·索尔曼在日后仔细阅读阿尔弗雷德的专利发明目录时，不禁感慨万分：如此之多的发明创造，居然都是出自一个人的头脑。拉格纳·索尔曼写道：

> 在那些严肃的技术专家和企业家看来，阿尔弗雷德的很多想法只不过都是一时的心血来潮、异想天开而已，但请不要忘记，被现代技术专家这样认为的很多想法却被阿尔弗雷德在实际中得以实现，并且成为对人类来说最重要的东西。

人们还应当记住的是，他的另一些设想最终可以完全适用于各个领域。在他的创造性活动当中，他真正的才华是：如同多产的大自然那样丰富的思想。

通常说来，只有少数种子能够找到适合生长的土壤，从而生根、发芽、成长，而相当一部分种子是结不出果实的。另外一些种子，由于落在多石的地面上，根本就不能成活。

然而，思想的种子就不同了，虽然有时被埋葬，却能历经数十年，甚至几个世纪，仍然具有生命力。

一旦条件发生改变，它们就会像被风刮到沃土上的种子那样，开始发芽，并且茁壮成长。

……

此外，从历史上看，技术的进步与发展完全取决于种种努力、各方面的发明家在解决问题时所付出的所有思维活动，不论这种工作在各种特殊情况下能否产生直接的成果。正因为如此，人们目前对技术的发明史才会越来越感兴趣。如同其他任何一门历史一样，技术发明史也能够使人们广泛洞察到发展的进程，并且为现在和将来提供如此宝贵的指示。

有一次阿尔弗雷德也说："如果说我在一年之内有1000种设想的话，而其中只有一种结果是好的，那么，我也就很满意了。"

　　阿尔弗雷德天生谦虚，对于自己的功绩，他从不夸耀。他不喜欢接受记者采访，更厌恶在报纸、杂志上炫耀自己。有一次，一位编辑向他索取照片，准备刊登在杂志上。诺贝尔坚决不同意，说："在这煞费苦心和厚颜无耻大肆宣扬的年代里，只有那些具有特殊资格的人才能让他们的照片在报纸上出现。"他生前还拒绝别人为他画像、摄影。现今诺贝尔基金会保存的唯一一张他的画像是在他去世后画的。

第十三章 对文学的热爱

在文学作品方面，我不要同任何人合作。我希望依靠自己的双翼凌空飞翔，而不愿借助于他人的翅膀。

——诺贝尔

（一）

虽然阿尔弗雷德在科学发明方面取得了辉煌的成就，成为后人非常崇敬的一位发明家与慈善家，但其实他还是一位出色的诗人。

在文学方面，阿尔弗雷德虽未曾做出像他在科学技术方面那样卓越的建树，但他对文学的爱好与他对科学的爱好都一样始终如一。文学与科学也成为阿尔弗雷德的两大精神支柱。在他看来，自然科学所征服的是未来人类幸福的建筑材料，而文学的理想主义则是促进人类幸福的源泉。

阿尔弗雷德十分早熟，童年时期就全靠自己学习知识，除了上过两学期的小学之外，他没有再上过其他的学校，也从来没有接受过正规的大学教育，只是后来在圣彼得堡接受过家庭教师的教育。

此后，阿尔弗雷德到各地旅行，多半的时间也都花在科学研究上面，但随着阅历的增加，他对文学、哲学等都产生了很深的体会。对于各国的文学作品，他也都比较熟悉。

在童年时期，阿尔弗雷德就十分喜欢雪莱的作品，因而受雪莱的诗影响也最深。除了采用雪莱对于人生的态度外，阿尔弗雷德还学到了他丰富的想象力、他对人类的博爱、他的和平主义、他的激进色彩以及他纷乱而疯狂的"非宗教主义"。尽管阿尔弗雷德有着更加切实的心思和更为科学的思维，故而表现得不像雪莱那么混杂，但在很大程度上，他的人生还是受到了雪莱的影响。

在成年之后，阿尔弗雷德阅读了大量不同国家的文学作品。阿尔弗雷德在法国居住的时间最长，对于法国文学，他除了与雨果有直接的交往而阅读他的作品外，还广泛地阅读了莫泊桑、巴尔扎克、左拉等人的作品。

在这些伟大的文学家当中，阿尔弗雷德最为仰慕的就是和平与理想主义作家维克多·雨果。在他看来，雨果的许多作品当中可以让人感受到人类心中所存在的美和善的力量。在作品当中，雨果真诚地追求博爱和人道主义，期待人类能够进入一个没有战争、思想自由、人人和睦相处的社会，这与阿尔弗雷德的观念刚好吻合。

1885年，在雨果83岁生日时，阿尔弗雷德发去了贺信：

"伟大的大师，祝您长寿，用您博爱的思想使全世界更加灿烂美好！"

此外，莫泊桑也是阿尔弗雷德喜爱的作家之一。但是他对左拉的评价不高，认为左拉是个实证主义作家。

对于俄国文学，阿尔弗雷德比较欣赏果戈理、陀思妥耶夫斯基、托尔斯泰以及屠格涅夫等作家的作品。对于包括他的祖国瑞典在内的斯堪的纳维亚各国的文学，阿尔弗雷德曾阅读过易卜生、比昂逊、吕德贝里耶以及拉格勒夫等人的作品，对这些作品也都进行过比较独特的评价。

在瑞典的诗人当中，阿尔弗雷德最欣赏的就是吕德贝里耶和拉格勒夫。他在一封信中曾讲到拉格勒夫说：

你见过拉格勒夫吗？他的诗是十分新颖的，虽然依我们的标准来看，诗中的故事本身并不合理，但他的风格是感人的。

吕德贝里耶的高尚理想主义也是令阿尔弗雷德所感动的。当有人与他谈起给这位伟大的诗人举行追悼会时，他表示一贯的反对。他说：

"我总是这样想，宁愿生时给人好处，不愿死后为他开会铺张；因为即使我们相信，灵魂是独立的人性，但这种人性究竟有无眼睛是很可疑的。不过，我将放弃这种偏见，捐助300克朗。有些作家，他们的作品就是一件纪念品，他们并不需要其他的纪念，例如吕德贝里耶就是这样的，他的诗表现了精神的高贵与形式的格律之美。"

最近几年，人们在他的实验室记录簿等意想不到的地方，还发现了阿尔弗雷德所写的一些笔记和未完成的诗稿。其中包括《我打算用哲学说明什么》的提纲以及那些年里他写的一些诗篇，其中的一份目录题目为《已经写完的文学与诗歌》，包括：

1.三姐妹

2.背负死亡

3.疾病与医疗

4.她

5.谜语

6.我是否曾经爱过

7.赋与梦

8.森西

9.精神抚慰

10.训诫

11.相信与不相信

12.被两者所系

13.惊奇

14.我看到两朵玫瑰蓓蕾

在这些诗作当中，现在保存下来的有第一、第五、第六、第七和第八首。从这几首诗当中，也能看出阿尔弗雷德具有相当多的诗人灵感。虽然晚年他曾受到过沉重的打击，这些灵感也变得迟钝起来，但它却伴随了阿尔弗雷德整个一生。

下面是迄今为止尚未为众人所知的第六首诗歌的一段摘录：

我是否爱过？

啊，你的质问，

我记忆的旋涡，

唤醒了一幅甜蜜的轮廓，

那梦寐以求的幸福啊，

生活不肯将它赐予我；

那满腔热忱的爱情啊，

不待成长就已经凋落。

你不会懂得，

一个年轻的心的理想世界，

是怎样遭到现实的折磨，

挫折、幻灭与忧思，

是怎样捉弄那欢乐的生活，

使一切都丧失灿烂的光泽。

你那年轻的灵魂，

在如意宝鉴当中，

只看到世界纯洁无浊，

啊，但愿你永远不要看到它的面目赤裸。

（二）

在阿尔弗雷德的遗稿当中，存有一本未完稿的小说，名为《兄弟与姊妹》，可能是1862年前后所创作的。

如果将这部作品称为小说的话，那它就是一篇很糟糕的小说，尤其是在措辞方面。之所以如此，可能是由于当时的瑞典小说就良莠不齐，他在模仿一些小说，而不是在创作小说。

文中对于个性的描写几乎是幼稚的，对话也生硬而浮夸。阿尔弗雷德原本也不想描述什么故事，他的兴趣和长处是完全集中在想象之上，因此在小说当中，他也让自己的想象力得到了任意地发挥。

下面选录了几段对话，让读者来了解一下阿尔弗雷德小说的风格：

"杜华小姐，你那儿有你的历史？"沙格姆斯基说，"但是不论到哪里，总得有个形式，就像一般人所穿的衣服，是追随时髦新潮的样式，所以他们也得规定他们的信仰。"

"如果这是一条通用的惯例，"爱斯华说，"从此应该消灭自由的信仰，人们应被迫按照制定的模式去思想，无论是在宗教方面或是其他方面。杜华小姐，我承认我的主张和你是同流的。思想有他自然的界限，当它前进时，无须人类的管束。我们确是被包围在一个永恒的谜团里，永远有我们不能解答的神秘；当我们何必因为不敢揭示真理，而情愿推广那些神秘的事物呢？在文化上，我们已经有了伟大的成功，不能不归功于真理。当我们受到偏见的束缚，我们的结论一定要遵循思想的自由，为我们唯一而真正需要的保护者，来对付国王们与教士们在无知的情况下，在教义的幌子下所犯的罪恶。"

"你的意思是说，《圣经》应该公开地接受批评和轻蔑吗？"诗人问。

"没有一件不易引起误用和误会的事，"爱斯华说，"不然我们越想批评《圣经》，那里面的永恒真理就越明显，而许多陈腐和荒谬会妨碍较好的教义去产生更大的影响，使得我们对于永恒的创造者及指导者，不是怀着更高尚的敬意。"

……

从以上部分作品风格可以看出来，阿尔弗雷德的作品同他早年的诗一样，都带有明显的宗教意识。

另外还有一个没写完的故事，名为《最快乐的非洲》。这个故事与《兄弟与姊妹》一样存在着很多不足的地方，但也表现出了阿尔弗雷德的生平思想。因此，《最快乐的非洲》也可以算得上是他的政治意见的宣言。

在故事的对话当中，阿尔弗雷德的表白带有很强烈的激进色彩，而幼年期俄国流行的虚无主义也对他产生了很大的影响。但是，在阿尔弗雷德的心中，他不相信群众能够了解政治，他也不赞成普选，更不相信代议制，他更愿意政府具有独裁的力量。

借助书中的主人公艾文尼，阿尔弗雷德发表了他的看法。在文中，艾文尼代表的是激进派，而所谓的"我"则代表的是反动派，主张绝对地服从于传统的国王。

下面摘录几段书中的内容：

艾文尼以轻蔑的口吻问：

"哪怕他们是近乎软弱的人，他们就是罪人吗？"

"那他们很少是这样的，"我回答说，"因为上帝所立的王，自有他们天赋的才能，不至于有心理的欠缺或犯罪的倾向。但是，你既然这样苛刻地批评并诋毁神圣而尊贵的国王，你到底想用什么较好的统治来代替他？"

"你的问题使我感到很为难，"艾文尼说，"我一定承认这个和那个一样坏。如今所实行的三种政体，差不多同样都没有价值。"

这时我旁边有人问：

"那么这三种政体是什么呢？"

"民主专制、君主立宪和民主共和。"艾文尼回答说。

"但这是现今世界上仅有的政体，"我惊呼着，"你的意思是说他们都是坏的吗？"

"结果证明是这样的。"艾文尼回答说。

为了维护他的辩论，艾文尼开始批评传统的君主专制政体，批评得痛快淋漓。但他发对君主立宪制的意见却比较有趣。

……

（三）

在1895年时，在著名的"无烟炸药"案件中，阿尔弗雷德败诉。这件事曾引起英国舆论界强烈的反响，阿尔弗雷德也从中痛定思痛，决定用英文写成一篇讽刺性的喜剧《专利细菌》，题旨便是这一案件。

尽管阿尔弗雷德并不熟悉阿里斯托芬的喜剧，但在风格上，他的作品内容却很倾向于这位古代的大诗人。

凡是不熟悉阿里斯托芬时代的雅典政治情况的人，对阿里斯托芬都不是很了解，因此阿尔弗雷德的喜剧对那些不熟悉"无烟炸药"案件真相的人来说，自然也是无法了解的。而且，阿尔弗雷德也缺乏阿里斯托芬喜剧中那种无处不在的幽默感，这一点他自己好像也感觉到了，所以在写完几章，并经过许多修改之后，他就扔在了一边，没有继续写下去。

还有一本未完成的剧稿，名叫《想象下的牺牲者》，写的是一位银行家果尔曼与他的妻子的故事。

阿尔弗雷德唯一完成的一部作品，是一部名叫《复仇女神》的戏剧。这部戏剧的情节与雪莱的诗剧《铁西》有着异曲同工之感。

1896年3月，阿尔弗雷德在给贝莎夫人的信中写道：

> 我近来由于生病不能担任比较繁重的工作，只好写一部悲剧。除了有几处还要润色一下之外，我算是完稿了。这部剧本的题旨，是关于比阿特丽丝·钦西的动人故事，不过我的叙述方法与雪莱完全不同。
>
> 在这部悲剧当中，我把乱伦的动机说得不那么惹人厌恶，即便是最好责难的群众也不至于注目及此；但是那位父亲方面的卑贱已经暴露无遗，所以报复虽近凶残，却也是完全自然的，实际上是一种义务。我想看看这个小剧本是否有人愿意排演，我觉得它在舞台上应该能产生不错的效果。这是用散文式的笔法写成的；我不爱听对话里的诗——那听起来好像很不自然。

《复仇女神》于1896年在巴黎出版，但遗憾的是，阿尔弗雷德并没有亲眼看到它的问世就去世了。他的朋友们认为："这样拙劣的作品有损于回忆这样的伟人。"所以，这部作品只被留下了三部，其余的则全部予以毁弃了。

对于这种做法，有人认为：

"这样做是非常妥当的，因为如果不这样做的话，人们就可能会对他存有错误的观念。阿尔弗雷德·诺贝尔的确是一位诗人，他有诗人的人生观。在他年轻的时候，可以用诗来表现他的思想，但这种能力却随着他年龄的增长而消逝了。"

阿尔弗雷德不仅天生喜爱文学与写作，在语言方面也显示出了非凡的才华。在青少年时期，他就喜欢对语言进行刻苦钻研，后来更是能够通晓俄、法、德、英等多国的语言。

幸运的是，在诺贝尔基金会的档案室中，保存着他数以千封的书信和草稿副本。它们的时间跨越长达40年之久，从25岁开始从事技术和商业活动开始，直到他去世时为止。后来，诺贝尔基金会还取得了几百件书信和作品的原稿。

这些书信都是用小字，并以刚劲、清晰的笔迹书写的，可以说已经达到了工整美观的地步。而且，这些书信都是用收信人的母语，包括瑞典文或其他主要欧洲语言写成的。在这些信件当中，还夹杂着少量的外语，用来表达有着细微差别的情感，甚至某些信件中还出现了哥特文和俄文。

在阿尔弗雷德去世之后，除了留给世人巨额的财富及无数的发明创造之外，还留下一个私人图书馆，其中藏书多达1500余卷，内容涉及文学、哲学、历史、科学等诸多领域。除此以外，还保留有大量的信件，以及他早期手写的诗歌和小说等。由此可见，阿尔弗雷德·诺贝尔在遗嘱当中设立的文学奖与他对文学的浓厚兴趣是分不开的。

诺贝尔奖包括金质奖章、证书和奖金支票。其中，奖金数额视基金会的收入而定，奖金的数额则因通货膨胀而逐年提高，最初约为3万多美元，20世纪60年代约为7.5万美元，80年代约为22万美元，90年代达到100万美元左右。2001年，每项诺贝尔奖奖金金额为1000万瑞典克朗（约合95万美元）。2005年后，每项诺贝尔奖奖金金额为1000万瑞典克朗（约合130万美元）。

第十四章 伟大的友谊

人生有一件不幸的事，就是回避有教养的社会，忽视与善于思考的人交流思想，最后失去了这种活动的能力，牺牲了自己获得的和别人的尊严。

——诺贝尔

（一）

阿尔弗雷德一生也没有结婚，然而却也经历了几次比较难忘的恋情。

在青年时期，阿尔弗雷德曾在巴黎与一位法国姑娘有过短暂的恋情。但后来姑娘因病离世，给阿尔弗雷德造成了巨大的打击。此后的阿尔弗雷德便滋长了某种远离异性的习惯，推崇一种柏拉图式的爱情，追求与肉体关系绝缘的爱。

到了暮年，他依然梦想着这种崇高的爱情。那时，在他所写的一个剧本当中，他借圣母玛利亚的口说道：

"宛如昨天才发生的一样，我清楚地记得圣灵怎样赋予圣子以生命，没有床第之乐，可是那一阵愉悦只有在天堂才能享受。"

到了1875年时，阿尔弗雷德在发明爆炸胶之后，忽然产生了一种如释重负的感觉。回到寓所后，他请人将寓所重新装饰了一番，并给空着的房间都配上家具。

当一切都装饰好之后，阿尔弗雷德忽然感到缺少一位有教养、懂应酬、办事干练、像女主人一样的女管家，最好还能够担任女秘书的职务。

可是，到哪里去请这样一位理想、称职的女性呢？

阿尔弗雷德首先想到了奥地利的维也纳，虽然他去维也纳的机会不多，但每次去都给他留下了很好的印象。他喜欢那里欢快的气氛，而且那里的女性都比较有教养，尤其擅长外语。

于是，阿尔弗雷德就动笔写了一则广告。广告只有寥寥数语，简单明了：

> 居住在巴黎的一位有钱的、受过高等教育的老绅士想要聘请一名掌握多门语言的成年女子担任他的管家兼秘书。

1876年，33岁的贝莎·金斯基以阿尔弗雷德的秘书兼管家的身份，走进了阿尔弗雷德的生活。

贝莎出身贵族，举止优雅，气质不凡，而且很有学识。只可惜这个古老的贵族世家到了她这一代已经衰落，她不得不凭借自己的能力自谋生路。

当她看到广告上要求"掌握多门语言""成年女子"的条件与自己符合时，就决定试一试。于是，她就提笔给阿尔弗雷德写了一份文笔简洁、措辞恳切的自荐信。

没过几天，贝莎就收到了阿尔弗雷德的回信。在信中，阿尔弗雷德向贝莎介绍了自己的工作飘忽不定，必须四海为家，这可能会给她的工作带来相应的困难，同时还介绍了自己的一些习惯和爱好。

收到信的贝莎显然比上一次更自信了，她马上又写了一封信，向阿尔弗雷德表明了自己的态度。

几次通信后，聪明的贝莎便整理出了巴黎这位"老绅士"的基本情况：

此人思路清晰，头脑灵活，语言也颇为风趣幽默；他的知识极其渊博，在哲学上具有很深的造诣，应该读过不少书；他出生于瑞典，俄语是他的第二母语，但运用起德语、法语、英语等也极为娴熟。不过，从他的言语当中，也流露出一丝的忧郁与伤感，有点像诗人，又似乎有点厌世倾向。

与此同时，阿尔弗雷德对贝莎的才智也颇为满意。没多久，贝莎就收到了一封简明扼要的短信，询问她什么时候可以来巴黎任职。

这一次，贝莎没有丝毫犹豫，果断地决定启程前往巴黎。

（二）

贝莎于一天清晨到达目的地巴黎，阿尔弗雷德亲自到车站去接这位未来的秘书兼管家。

当贝莎见到阿尔弗雷德时，颇感意外。因为她想象中的"老绅士"应该是一位慈眉善目、白发苍苍的老者，说不定身体还不算太硬朗；而眼前的阿尔弗雷德明明不过40岁出头，中等身材，满脸的络腮胡子，一双碧蓝的眼睛炯炯有神。

阿尔弗雷德也对这位漂亮的未来"女秘书"产生了好感，贝莎比他想象中要漂亮、端庄：明净的前额微微隆起，匀称姣好的鹅蛋脸，秀气而挺直的鼻梁，双唇红润，嘴角挂着一丝毫不掩饰的好奇的微笑，真诚、友善，一看就是一位知书达理、聪明智慧的女性。

两人见面后彼此并不感到陌生，对许多话题都有着共同的兴趣。贝莎惊讶地发现，眼前这位才华横溢、功成名就的企业家居然对世人的肤浅、虚伪和轻薄感到刻骨的厌恶，他经常沉浸于自己的书籍和实验室当中，而且乐此不疲，仿佛这个小天地当中容纳了他全部的生活。

贝莎在受雇之后，曾将自己对阿尔弗雷德的看法写信告诉她的朋友们：

> 诺贝尔先生非常富有，在巴黎有一栋豪华别墅，他的生活起居从不受人干涉。他经常喜欢一个人驾车出游，从不愿意邀人同行，性情有些孤僻，并坚持他的独身主义。
>
> 但对于诗歌和小说来说，他很清楚：独学而无友，必定会孤陋而寡闻。所以，他需要能够共同研读交流的伙伴，凡是有文学家聚会的地方，他必定会前往参加，并洗耳恭听别人的见解。
>
> 我也会时常与他谈论文学，他特别喜欢雪莱的诗，并且深受雪莱和平主义的影响。

贝莎还发现，阿尔弗雷德的骨子中并不是一个彻头彻尾的悲观主义者，他对人类的未来抱着一种乐观明朗的态度。更让贝莎吃惊的是，阿尔弗雷德发明的炸药居然在军事上被广泛地应用着，而他却在从事一项与此截然相反的发明：

"我希望可以发明一种物质或一种机器，它具有极强的破坏力，将使人们不敢轻易发动战争，或许，这项发明可以使战争从地球上消失。"

阿尔弗雷德的话语得到了贝莎的热烈回应，因为贝莎本人对哲学和自然科学等方面的进展都了如指掌，而且观点深刻明晰。作为一名女性，尤其是贵族的女性，这是一件很难得的事，这也给阿尔弗雷德留下了非常深刻的印象，他对这位女秘书十分满意。

不过，细心的阿尔弗雷德渐渐发现，贝莎虽然单身，但却并非无牵无挂。自从来到巴黎以后，似乎有一桩心事一直在困扰着她，让她时常心神不宁。

在阿尔弗雷德的再三追问下，贝莎向他吐露了自己的心事。

原来，贝莎在维也纳时曾被当地一个有钱的男爵家聘请为家庭教师，负责教男爵家中的四个女儿。男爵家中有一个英俊的儿子名叫阿瑟，比贝莎小7岁，是个多才多艺的小伙子，尤其弹得一手出色的钢琴。贝莎被阿瑟的才华深深地吸引住了，而阿瑟也爱上了气质优雅动人的贝莎。两人很快就相爱了。

一开始，两人是瞒着男爵和男爵夫人的，但最终还是被他们知道了。此后，男爵夫人对贝莎十分冷淡。羞怒之下，贝莎便离开了男爵家。就在这时，她看到了阿尔弗雷德刊登的广告，便应聘来到了巴黎。

贝莎还告诉阿尔弗雷德，自从她来巴黎后，经常收到那些女学生的来信。她们告诉她，阿瑟现在情绪低落，整天一副失魂落魄的样子。每每收到这些信，她都会非常难过。

听完贝莎的往事后，阿尔弗雷德沉默了良久，然后对贝莎说：

"事情既然注定没有结局，那么就不要让它再无限制地牵绊你了。当断不断，反受其乱，你完全可以开始全新的生活。"

终于，阿尔弗雷德鼓起勇气，向贝莎吐露了自己想要娶她为妻的念头。从接触贝莎的第一天起，她就让他遗忘多年的爱情死灰复燃了。

第二天，阿尔弗雷德要到斯德哥尔摩参加一个新的达纳炸药厂的开工典礼。起初他有些迟疑，不想在贝莎决定之前离开她。可是，他又觉得自己无权干涉贝莎的选择。

阿尔弗雷德抵达斯德哥尔摩的当天，就给贝莎发了一份电报：

"平安抵达，将于下周回巴黎。"

同一天，贝莎还收到了另外一封来自维也纳的电报：

"没有你我无法生活。"

看到阿瑟的这封电报，贝莎的心都要碎了。她当即决定返回维也纳与阿瑟见面，甚至没来得及向阿尔弗雷德道别。

登上火车后，贝莎给阿尔弗雷德发了一封快信，向他表示了深深的歉意。

回到维也纳后，贝莎很快就与阿瑟结婚了。阿尔弗雷德在得到这个消息后，虽然深感遗憾，但也默默地祝福贝莎，希望她得到幸福。阿尔弗雷德觉得，在以后的日子里，贝莎与他之间应该不会再有交集了。

然而令阿尔弗雷德没想到的是，在未来的人生道路上，这位坚强美丽的女性会给他的思想和生活带来极大的影响。

（三）

在1887年前后，阿尔弗雷德意外地收到了贝莎的一封短信。现在，她已经是贝莎·苏特纳夫人了，夫妇二人此行是特意来巴黎看望阿尔弗雷德的。

阿尔弗雷德非常高兴，热情地接待了他们。贝莎与阿瑟结婚后，两人生活得十分幸福，这也让阿尔弗雷德很欣慰。

这一次，贝莎兴奋地告诉阿尔弗雷德，她现在已经是国际和平仲裁联盟的一名成员了。阿尔费德勒显然有些不解，因为他对于这个联盟了解甚少。而贝莎却一再热情地邀请他加入这个联盟：

"您知道，帮助别人是我一贯的心愿，而这个组织无疑将使无数的人受益。它的纲领是制造公众舆论，建立一个国际法庭，解决国家之间的争端，以达到杜绝滥用武力的目的。诺贝尔先生，我相信这与您发明制造武器却希望世界和平的观念是不谋而合的，所以，我真诚地希望您能够为和平事业尽一份力。"

阿尔弗雷德被贝莎的这一建议触动了：

"我？我能够做些什么呢？"

贝莎热切地想将阿尔弗雷德介绍到和平运动的阵营当中：

"您能做的太多了！在普通人的眼中，诺贝尔这个名字就意味着炸药、死亡、战争，而如果诺贝尔能够成为一名和平主义者，那么和平事业的影响就一定会更加壮大。"

1890年，贝莎的自传体小说《放下武器》出版了。在这部小说当中，贝莎对那些将战场上的牺牲和勇敢吹捧为人类美德的无稽之谈给予了猛烈的抨击，表达了对和平美好生活的向往。

俄国著名作家列夫·托尔斯泰在看到这部小说后，对贝莎的呼吁十分赞同。他给贝莎写了一封信，高度地评价了贝莎的这部作品，并将她与著名的作家斯托夫人相提并论：

"我正在拜读您的小说《放下武器》……在废除奴隶制以前，曾经有一位女作家的名著问世，那就是比切尔·斯托夫人写的。但愿您的杰作诞生之后，上帝能够允许战争从人类的世界中消失。"

贝莎的作品一出版，阿尔弗雷德就认真地拜读了。但遗憾的是，当时的他还没有意识到这部作品的价值，而是仅仅从文学角度进行了欣赏。

1892年8月，在瑞士伯尔尼召开了一次国际和平大会，贝莎热情地邀请阿尔弗雷德前来参加。但令贝莎失望的是，直到大会开幕，阿尔弗雷德也没有出现。

大会进行了几天后，有一天，忙碌了一上午的贝莎正在旅馆房间的阳台上闭目养神，想让自己紧张的神经放松一下，这时，服务员进来说，有位先生要见她。

　　贝莎以为一定是大会的工作人员来找她，可是随着那一声声坚定的脚步声越来越近，一个熟悉的声音也跟着传进了贝莎的房间。

　　贝莎又惊又喜，慌忙从椅子上跳起来，因为她知道，这个来的人就是阿尔弗雷德·诺贝尔。

　　"诺贝尔先生，您怎么也不打个招呼就来了呢？"她不由自主地嗔怪起阿尔弗雷德。

　　"贝莎，我为我的冒昧向你道歉，希望我没有打扰你。其实我这次来找你，是希望你能够满足我的一个小小的要求。"阿尔弗雷德向贝莎说明了他的来意。

　　原来，阿尔弗雷德此行的目的是想了解一下这次大会的情况，但他不想暴露身份，也不想正式参加会议，他希望贝莎能够安排他在底下偷偷听一听就行了。

　　听到阿尔弗雷德对大会产生了兴趣，贝莎很高兴。她很快就给予阿尔弗雷德肯定的答复：

　　"我完全可以满足您的要求，诺贝尔先生，相信您如果出席会议的话，一定会对我们的和平事业产生深入的了解。"

　　接着，她将前一阶段大会的进展情况详细地向阿尔弗雷德做了介绍。

　　接下来的几天，阿尔弗雷德出席了会议，认真地旁听了代表们的讨论。他们的热情与思想让阿尔弗雷德感到震惊，同时也深受感动。

　　为了让自己的思考更加深入，大会结束后，阿尔弗雷德邀请苏特纳夫妇陪伴他在瑞士的苏黎世住了一段时间。在与苏纳特夫妇的进一步交流中，阿尔弗雷德对和平事业也有了更深的认识和感受，并开始严肃认真地思考起人类未来的命运来。

第十五章 苦涩的恋情

世界上没有任何能够不被误解或不被人讲坏话的事情。

——诺贝尔

（一）

阿尔弗雷德一生都致力于科研与实业，终生未婚。然而鲜为人知的是，他曾与一位维也纳的卖花少女有过一段刻骨铭心的爱情经历，这段感情整整持续了18年。

在1876年秋，阿尔弗雷德与路德维希在普雷斯堡见面，一起商量帮助罗伯特在巴库开设油田之事。

在返回巴黎的途中，阿尔弗雷德在维也纳南边的巴登温泉停下来过周末。在这里，阿尔弗雷德遇到了两位商界的朋友，这两位朋友邀请他一起到自己的别墅吃午饭。

在赴宴的路上，阿尔弗雷德走进一家花店，准备给女主人买一束鲜花。一位年轻美丽的女店员过来接待他。

见阿尔弗雷德说不清想买什么花，女店员就很热心地主动帮忙，询问女主人与他是什么关系，多大年龄，结婚没有，等等。虽然觉得女店员这样打听别人的私事有点儿好笑，但阿尔弗雷德还是如实地回答了。

当阿尔弗雷德从女店员手中接过她为他选好的花束后，他情不自禁地邀请这位名叫索菲亚的姑娘午饭后与自己一起散步。索菲亚喜形于色，很高兴地答应了。

在朋友家的午宴结束后，阿尔弗雷德便来找索菲亚。他们骑着马，一起慢行在一片风景优美的松树林间，清新的空气令阿尔弗雷德陶醉，心情也越发愉悦。但索菲亚对风景似乎没什么兴趣，看着体面绅士的阿尔弗雷德，她更想知道他的职业。

阿尔弗雷德看出了索菲亚的心思，故意卖关子，让她自己猜。

"我猜想，您一定是一位大学教授！不对？那么就是个生意人了，还不对？那我就猜不出来了，您还是告诉我吧。"

她猜得很离谱，让阿尔弗雷德乐不可支。他诙谐地提示说，自己是个发明家，能在最短的时间内杀伤很多人。

"那么您一定很有钱了？"索菲亚连连咋舌。

阿尔弗雷德不置可否，机灵的索菲亚见状，认为阿尔弗雷德已经默认了。

两人聊得很愉快，而且很快就熟悉了对方的情况，彼此之间的好感也迅速增长。几天后，两人便经常约会，一段不可遏止的热恋就这样开始了。阿尔费德勒甚至还亲自去索菲亚寒酸破败的家庭中，去拜会她的家人。

索菲亚的父亲在维也纳开了一家小店，卖一些便宜的糖果等；她的母亲是个很有心计的女人，而且性情抑郁，说话时嘴角总是露出一副虚伪的微笑，眼里闪烁着狡猾冷酷的光芒。

索菲亚是家里的长女，她还有三个妹妹。她在巴登的一家花店里打工，赚点微薄的薪水贴补家用，但她的母亲却总是希望她能被哪个阔佬看中，从而让一家人交上好运——这样一家人就不用为每天的生活发愁了。

阿尔弗雷德虽然不喜欢索菲亚的家人，但却没有因为这些而看不起索菲亚。相反，他更觉得索菲亚十分可怜，也更想让她过上好日子。

在享受甜蜜爱情的同时，阿尔弗雷德也需要经常奔波于巴黎和维也纳之间，这让他颇受劳顿之苦。为了解决这个难题，阿尔弗雷德打算等索菲亚的法语学好后，就将她带到法国，这样两人就可以朝夕相处了。

在一次见面中，索菲亚埋怨阿尔弗雷德总是在出差过程中顺便才去看她，这让她很不满。她提出想要离开那个穷困的家庭，跟阿尔弗雷德到法国去。

尽管阿尔弗雷德很担心索菲亚的法语水平，但挨不过她的央求，心一软，就答应了她，将索菲亚带到了法国。

（二）

索菲亚来到法国后，阿尔弗雷德为她在巴黎买了一套房子，面积不大，但非常华丽舒适，距离他的寓所也很近。他还为索菲亚请了一名女仆和一名厨师，还打算聘请家庭教师来专门教授索菲亚学习法语，同时也指点她知识上的空白。

之后的几天，阿尔弗雷德便领着索菲亚走遍了巴黎的大街小巷，熟悉巴黎的风土人情。他希望索菲亚能够尽快熟悉这里的环境，并且逐渐融入他的生活。

阿尔弗雷德一向青睐于巴黎的那些艺术殿堂，对于名胜古迹也是情有独钟，因此特意带着索菲亚参观了这些地方，滔滔不绝地为她讲述这些名胜的典故。可是，索菲亚对这些却毫无兴趣，她似乎只对物质的东西感兴趣，唯有华丽的衣服、名贵的首饰才能刺激她的冲动与热情。

同时，索菲亚性格上的一些缺点也逐渐暴露出来，她时而高兴，时而任性，有时甚至变得难以驾驭。她经常抱怨阿尔弗雷德陪她的时间太少，还闹着要跟他一起到外面办事。阿尔弗雷德为她请了一位法语教师，教授她法语和社交礼仪等知识，她很快也失去了兴趣，总是拉着那位法语女教师出去花钱购物。

为此，阿尔弗雷德与索菲亚之间也产生了争吵。但很快，两人又会和好如初。阿尔弗雷德觉得，虽然索菲亚的思想很肤浅，考虑问题也简单，但她看待世界的方式不复杂。这可能与她的家庭出身有关系，不幸的家庭令她失去了受教育的机会，但教育的缺失也让她热情、坦荡，没有那种贵妇人的矫揉造作。而且，索菲亚充满了青春的活力，洋溢着生命的朝气，就像一缕阳光一样，为阿尔弗雷德乏味单调的生活注入了新鲜的活力，日子也变得丰富多彩起来。

这样一想，阿尔弗雷德便忽略了索菲亚的缺点和瑕疵，并尽可能地帮助她改正。

不久后，索菲亚生病了，经过医生诊疗后，也没见痊愈。

而此时，阿尔弗雷德要离开巴黎到外地去。一大堆不得不面对的人和事让他深感厌烦，当他与自己不喜欢的人相处时，他感到自己那么孤单，也感到索菲亚对他是那么重要。

在这种情绪下，阿尔弗雷德忽然产生了一种遏制不住的欲望，决定安排索菲亚以他未婚妻的身份去斯德哥尔摩见他敬爱的母亲。于是，他匆匆拿起笔给索菲亚写了一封信，告诉她这一消息，随即便寄出去了。

收到阿尔弗雷德的信后，索菲亚简直太高兴了。可一想到要与阿尔弗雷德的家人见面，要经受一番考验，她又开始忐忑不安起来。

动身去斯德哥尔摩的日期越来越近了，阿尔弗雷德开始意识到，自己的这个决定太过于轻率了。母亲一向喜欢贤惠能干的女子，而索菲亚的教养、品性、谈吐无疑都不符合母亲的要求。如果将索菲亚带到母亲面前，母亲不仅不会高兴，还可能会徒增忧虑。

想到这些，阿尔弗雷德几天都闷闷不乐。但如果反悔的话，又会伤了索菲亚的心。这真是令他一筹莫展。

但最终，他还是决定遵守诺言，带索菲亚去见母亲。

就在这时，索菲亚的身体又出现了不适。这让阿尔弗雷德又回想起母亲的警告：不论那个姑娘多么聪明可爱，都必须有一个健康的身体。对母亲来说，阿尔弗雷德自幼身体羸弱，她希望他能够找一个健康的妻子，既能照顾他，也好让下一代的身体更健康一些。

于是，阿尔弗雷德告诉索菲亚，母亲对他的未婚妻身体健康十分关心。索菲亚听完后，沉默了半天，然后决定不跟阿尔弗雷德去斯德哥尔摩了。

索菲亚的话让阿尔弗雷德松了一口气，只是尽力劝说索菲亚要注意健康。随后，索菲亚又提出要去德国疗养，以便身体能够早日康复。

不久后，阿尔弗雷德便回到斯德哥尔摩为母亲庆祝生日，一家人欢乐地在一起。当看到路德维希夫妇互敬互爱、20多年的生活越来越美满时，阿尔弗雷德忽然意识到，如果索菲亚也在这里，那将是多么的不协调，他暗暗庆幸自己没有带索菲亚回来。于是，阿尔弗雷德决定中断与索菲亚的关系。

就在这时，阿尔弗雷德收到了索菲亚的一封信。通过信中的内容，阿尔弗雷德感觉索菲亚有些越轨的行为，嫉妒让他苦闷万分，情绪也变得异常激动。于是他在给索菲亚的回信中大发脾气。

但很快，他又担心索菲亚会生气了，于是又立即发了一封电报给她，请求她的原谅，希望她不要因为他信中的不友好而生气。回到巴黎后，两人又和好如初了。

（三）

阿尔弗雷德经常去看望索菲亚，除此之外，他就通宵达旦地在实验室中工作。没有阿尔弗雷德的陪伴，索菲亚很生气。于是，她就经常到巴登、米兰、博尔扎纳等上层社会喜欢的去处游玩，这也令她没有固定的住址，还常常收不到阿尔弗雷德的信。这让阿尔弗雷德很操心，也成了两人互相猜忌和误解的根源。

索菲亚虽然出身于经济拮据的家庭，但自从有了阿尔弗雷德的资助后，她就开始任意花钱挥霍。阿尔弗雷德对她这样乱花钱的行为很反感，但是，每次他都会宽宏大量地替她付清欠款。

因为深爱索菲亚，阿尔弗雷德经常为她牵肠挂肚，想到她到处一个人漂泊，没人照顾，就感到很心疼。可是，索菲亚并不听阿尔弗雷德的劝告，依然我行我素。这样，阿尔弗雷德就不得不每隔一段时间抛开手中的工作，跟着索菲亚东跑西颠。

阿尔弗雷德悲哀地发现，这期间他的智力大不如前，思维也不像以前那样敏捷了，反应开始变得迟钝。在1879年到1884年间，虽然他也通宵达旦地在实验室工作，但却没有取得任何成果，也没有申请任何专利。烦恼和苦闷的情绪驱使他将自己在工作上的失败归咎于索菲亚。

虽然索菲亚给阿尔弗雷德带来了很多烦恼与痛苦，阿尔弗雷德也一次次下决心结束两人的关系，但到了最后，只要一见到索菲亚，感情的阴霾会再次驱散，他依然心甘情愿地为她付钱，陪她到处奔走。他甚至接受索菲亚的建议，买下了他们一直租住的大别墅。

为了布置这所别墅，阿尔弗雷德感到筋疲力尽。他被索菲亚拖累得太疲乏了，但他还是没有说出口。

为了维护索菲亚的名誉，防止周围的邻居说三道四，阿尔弗雷德决定和索菲亚装成夫妻，并以诺贝尔太太来称呼索菲亚，在给索菲亚写信和发电报时也称她为索菲亚·诺贝尔太太。

但很快，阿尔弗雷德就感到后悔了。索菲亚很喜欢这个大名鼎鼎的姓氏，这让她的虚荣心得到了极大的满足。而且，她总是喜欢自己动手给别人写信，想写什么就写什么，丝毫没有意识到她这样做给阿尔弗雷德带来的困扰和麻烦。不少收到信的人看到她的信时，都会大吃一惊，不敢相信诺贝尔先生这样有教养的绅士居然找了一个几乎没什么文化水平的女子做妻子，有几个人还有意无意地向他打听这件事。索菲亚的这种任意妄为的做法，把阿尔弗雷德弄得狼狈不堪。

随着时间的流逝，这些矛盾也日益激化，往日的恩爱和激情和日渐消退。

从1883年到1893年的10年间，阿尔弗雷德整日为工作忙碌奔波，再加上二哥路德维希和母亲先后去世，他在精神上受到了巨大的打击，索菲亚在他生活中的作用也日益降低。他们的爱情也渐渐冷淡下来，只是偶尔会有一点书信来往。

1891年春，索菲亚怀了孩子，不过，即将做父亲的人却不是阿尔弗雷德，而是一个匈牙利贵族出身的骑兵军官。

得到这个消息后，阿尔弗雷德反而如释重负。同年7月，索菲亚生下一个女儿，不久便与那位军官结了婚。她与阿尔弗雷德之间维持了15年的爱情就此画上了句号。

索菲亚是个挥霍无度的女人，阿尔弗雷德定期给她津贴，但她还是到处借钱，债台高筑。后来，为了保障她未来的生活，阿尔弗雷德通过律师将价值15万奥地利弗洛林的债券存入一家维也纳银行，每月付给她500弗洛林。

1894年9月，阿尔弗雷德曾到维也纳看望过索菲亚，发现她们母女生活得很愉快，他感到很欣慰。

　　阿尔弗雷德聪明、坚强，在事业上硕果累累，在发明的道路上也是不断挑战自己，然而，他的内心又极度敏感、脆弱，需要感情的慰藉。悲哀的是，索菲亚与他在思想、教育层面上存在着无法逾越的鸿沟，两个人就像是两条平行线一样，无论怎样延伸，最终都无法相交。

第十六章 致力于世界和平

工作美化了一切，劳动思想创造出一个新的生命，在新的生命中我们能免除奢侈和享乐，再也不会感到厌烦。

——诺贝尔

（一）

1888年，阿尔弗雷德的二哥路德维希因心脏病离开人世。当时，法国的一家报纸误认为是阿尔弗雷德去世了，便刊登了一则讣告，称他为"死亡商人"，称他一生所有的发明都是"毁灭和灭绝生灵"的行为。

看到这些报道，阿尔弗雷德简直惊呆了。他一生有过许多崇高的理想，也有过大量的善举，渴望得到社会的理解和承认；他也一直自视为是一个理想主义者和艺术家，是爱好和平的忠诚卫士，而现在，他发现自己在别人的心中居然扮演的是一个恶魔一般的角色。

的确，当时很少有人能够理解阿尔弗雷德的真正心迹。身为一个发明、生产炸药的商人、大企业家，他很容易被人们看成是一个唯利是图的人，然而在内心深处，他却是个热爱和平与自由的人，对人类的前景充满了美好的向往。

一位终生与战争和炸药为伴的人，同时又是一位热爱和平的人，这在外人看来是十分矛盾的。阿尔弗雷德不断发明新型炸药，其初衷并不是为了挑起战争，而是为了将它用于修建铁路、开采矿山、开凿运河和建设电站等这样一些和平发展的事业，所以他的产品主要是用于工程。

直到19世纪80年代中期，阿尔弗雷德的发明事业才倾向于军事方面，如无烟火药等。这种倾向无疑是炸药本身，完全不是它的实际应用和商业价值，他只是作为一个发明家从纯科学观点出发的。直到成功发明了巴里斯梯，他才从中取得了一定的经济利益。

正是在阿尔弗雷德陷入苦苦思索之时，一位曾经在他的生活中出现过的女人出现在他的面前，她就是贝莎。这位美丽坚强的女性在他此后的人生道路中，给他的思想和生活带来极大的影响。

根据贝莎的传记记载，阿尔弗雷德对于和平运动的兴趣完全是由她唤起的，这自然有点言过其实。在阿尔弗雷德的幼年时期，就已经热忱于人类的和平事业了。尤其是雪莱思想的影响，成为阿尔弗雷德和平运动热心的根本。在1887年他致力于发明军事用品的时候，他的和平意识也更加坚决。

1890年，贝莎的《放下武器》出版后，引起了极大的反响。当时，阿尔弗雷德写了一封动人而愉快的信给她，但对于她的意见并不完全赞同。在信的结尾，阿尔弗雷德说：

> 你不该喊着"放下武器"这样的口号，因为你有动人的作风和伟大的想象，这就是说，你自己也需要武器……

1891年9月，贝莎又在《新自由报》上发表了一篇讨论战争和军备的文章，因此又收到了阿尔弗雷德的信。信中说：

我很喜欢看到你那篇非难恐怖——战争的文字，居然登载于法国的报纸上，不过我怕在100个法国读者中，就有99个是主战狂，这里的政府差不多能理解；人民却相反，他们醉心于成功与虚荣。这是一种好的发酵剂，能比酒和吗啡减去很多伤害力——除非引起战争。你的笔现在往哪里去了？你用殉道者的血写成这个东西后，我们能否看到将来仙境一般的前途，或是思想家所设计的乌托邦的国家？我的同情在哪一方面？不过，我的思想游离不定地倾向于另一个国家，在那里的人民，即便不说话，也会受到苦楚。

我们可以从两个方面来理解这封信。无论如何，阿尔弗雷德并不是皈依此说的信徒，眼睁睁地等着和平赐福。从这封信中，我们可以看出阿尔弗雷德有一种嘲讽的意味，他不认为贝莎这样的做法可以停止战争。

（二）

1891年10月，阿尔弗雷德开始用比较切合实际的口吻给贝莎写信了。而这次，他还批评了贝莎和其他坚持和平运动的朋友所拟定的和平方案。贝莎曾为宣传和平运动的事请求阿尔弗雷德给予经济上的援助，阿尔弗雷德就给她寄去了80磅，并说：

我想我们需要的不是钱，而是方案。单靠决议是不能得到和平的，宴会和长篇演说也是如此。我们向有诚意谋求和平的政府提出可以接受的议案，如果没有好处待人，徒然请求裁减军备，那必然会惹人笑话；至于主张立刻组织仲裁法庭，也势必会引起许多偏见，同时还会招致一般有野心的人。如果希望成功，应该从比较适当的地方入手，关于立法有疑问的事，应该采用英国的做法。

在英国，遇到这种情形时，就会颁布一种临时的条例，有效期仅为两年或者仅仅一年。我相信，如果能够得到著名政治家的赞助，除了少数的政府，通常是会接受那些适当的提议的。我们的要求是很低微的，只要欧洲各政府在一年之内将各国所有招致嫌隙的事提交给特别组织的法院，或者，你们未曾做这项准备，那就在期限未满之前应将敌对行动暂缓，这也许不怎么重要，但凡是成大事的人，往往也会满意于小的收获。

这在国家的生命之途中，是稍纵即逝的。即便是一位最喜欢战争的大臣，当他看到这不久即将期满的契约，也绝不会贸然去破坏它的。在契约期满后，各国都愿意再续约一年，这样一来，不经过任何的动荡，大家都在不知不觉中得到了长久的和平。那时候，唯有在那时候，才能实际地考虑逐步解除军备的方法，这是一般有理性的人和各国政府所希望的事。如果两国政府发生了争论，你想在战争爆发之前加以强制性地调和，他们的仇恨是不是十次会有九次因此而减少呢？

1892年8月，在瑞士伯尔尼召开的一次国际和平会议上，贝莎邀请阿尔弗雷德参加，但他没有去。后来在会议举行期间，他特意来到伯尔尼，但没有到会，只是简单地与贝莎交流了一些有关和平运动的意见。

后来，贝莎又特意到苏黎世拜访阿尔弗雷德。阿尔弗雷德说：

"我的工厂能比你们的回忆更快地消灭战争。如果有一天，两国的军队能够在一秒之内彼此消灭，一切其他的国家都将因为恐惧而终止战争，并裁减他们国家的军队。"

对于自己从事和平宣传的决断，阿尔弗雷德的确受到了伯尔尼这次会议的影响。当时，一位土耳其的退休外交家亚利斯泰·齐佩亚住在巴黎。他原任驻华盛顿的土耳其大使，由于某些原因没有讨得上司的欢心，领到1000法郎的养老金后就退休了。

在生活拮据之时，他曾请求过两个人的帮助：一是鲁特斯卡尔，任瑞典驻圣彼得堡的公使；第二位是瑞典外交部长路温赫布。两个人都转请阿尔弗雷德设法帮忙，阿尔弗雷德毫不犹豫地就答应了。后来，一有机会，他就在自己经办的许多机关内给这个土耳其人找一些适当的职位。

然而，那时并没有合适的缺额，于是阿尔弗雷德就聘请他做自己的私人顾问。他写信给路温赫布部长说：

> 我很难说有什么适合的事务让亚利斯泰先生能够一展所长，但我对他提出了一些尝试，想来他也是满意的。这就是在一年的时间内，我约定不会辞退他。如果他认为有其他满意的机会可以尝试，他完全有自由离开。在这一年内，我付给他1.5万法郎。当然，在那种条件下他接受了。
>
> 亚利斯泰先生对于英文、法文都很精通，在谈话及写作时也能巧妙地运用外交色彩的文字。不幸的是，我的事务大部分是科学方面的，在这方面，亚利斯泰先生不能有任何的帮助。再者，我有时也常用德文、瑞典文和俄文，他都不懂。但是，我们应该不在乎这些小的困难。

这封信可能写于1892年10月前后。

（三）

在1892年7月时，阿尔弗雷德让亚利斯泰过来帮助他。在8月下旬的和平会议期间，他得知这位土耳其外交家有困难，便询问亚利斯泰是否愿意让他为他"提一件合乎你意的事"。亚利斯泰回答他悉听尊便，于是在9月5日，阿尔弗雷德给他写了一封信，大意是希望亚利斯泰能够将欧洲进行和平运动的情况随时报告给他，并且要在新闻媒体上鼓吹，以他昔日外交家的身份来帮助那些运动。

对于这一要求，亚利斯泰欣然接受，并在两件备忘录内都提及此事，还对自己的见解进行了阐述，表示完全赞同诺贝尔先生的主张。

10月，阿尔弗雷德回到巴黎，他们又见面了。阿尔弗雷德告诉亚利斯泰，他们的协定期限是一年，在这一年当中，阿尔弗雷德受协议的限制，但亚利斯泰有接受其他机会的自由。对此，亚利斯泰也毫无异议，并且加深了阿尔弗雷德的好感。

亚利斯泰是个很聪明的人，又擅长外交中漂亮的言辞。在第一次见面时，他就对阿尔弗雷德的和平计划作出了批评，认为裁减军备和强制仲裁都是一种乌托邦式的理想。他认为，在报告的争论与发动战争之间应该有较长的一段时间，令涉及的两国进行商洽。

亚利斯泰讲得十分透彻，这让阿尔弗雷德对他也很信服。

11月时，阿尔弗雷德又给贝莎写了一封信，信中对贝莎提出的仲裁计划并不赞同。不过，贝莎并没有因为那位土耳其外交家的批评而发生动摇，她在回信中说：

在你上次的信中，你告诉我那位土耳其朋友的意见，就是怀疑仲裁法庭是否能够实现。这种怀疑是我们和平会议的'专门家'见怪不怪的，答案就在论及这些问题的备忘录当中。

虽然贝莎曾寄给阿尔弗雷德这些小册子，但这也没有动摇阿尔弗雷德对裁军可能性的信仰。他坚持己见，认为防止战争最有效的方法就是利用联合的军事行动对付任何破坏和平的行动。

1893年1月，阿尔弗雷德又给贝莎寄了一封信，这也是阿尔弗雷德所采取的最后的和平方案。虽然这种方案也是乌托邦式的，但不论如何，它是阿尔弗雷德一直以来都积极倡导的和平方案。

信中是这样说的：

> 我想拿出我的一部分财产作为奖金，每隔5年颁发一次（我们应作6次计，如果30年后我们还不能改良现行的制度，那就不免回复到野蛮时代了）。这笔奖金奖给无论男女、国别，只要是在欧洲宣传普遍和平最出力的人。我并不是说裁减军备，那需要经过很漫长的步骤才能成功；我也不是说国与国之间的强迫仲裁。我的意思是：所有的国家应该绝对地履行契约，对首先发难的国家加以制裁。关于这一层，我们应该早日得到结果——这无疑是实际上的结果，这样战争就不会发生了。我们必须强迫任何国家，哪怕是最爱争斗的，或者听候法院的裁决，或者按兵不动。如同三国联盟一样，实际上应不限于三国，而应联合世界各国，这样就能够得到永久的和平了。

可能觉得自己一个人的力量不足以应付这样的工作，同时也觉得亚利斯泰很让他为难，因为亚利斯泰并没有为他做过什么，也不曾在新闻媒体上发表过一篇文章。因此，阿尔弗雷德对亚利斯泰感到很失望。在一年期满后，阿尔弗雷德就告知亚利斯泰，说自己不愿意再订立契约了。

阿尔弗雷德的决定令亚利斯泰十分震惊。他对阿尔弗雷德说，自己在接到9月5日阿尔弗雷德的信不久后，就接到了土耳其皇室的通知，要求他再次加入外交界服务。但那时因为接受了阿尔弗雷德的帮助，他非常坚决地回绝了这件事。而现在，他想不到阿尔弗雷德与他之间仅仅是一年的契约。阿尔弗雷德的这个决定，对他来说简直是晴天霹雳。

阿尔弗雷德根本不再相信亚利斯泰的话，因为他已经看清了亚利斯泰的为人。他在给亚利斯泰的回信中，毫不客气地拒绝了亚利斯泰：

> 我已经很忠实地进行了一年的实验，但你所从事的和平事业却一点也没有前进。我没有看到你为这件事动笔写过什么，至于由苏纳特太太发起的运动，也不曾见你介绍任何一个重要的人。
>
> ……诚然，你的意思是想采用完全不同的方法进行，并要创立特殊的宣传机关。对于这个提议，一开始我们俩就是有争议的。如果我对这种方法有一点兴趣的话，我早就该找苏纳特太太了，因为她已经办好了一个报刊。
>
> 现在，国会及政府都有意愿接受仲裁法庭提议的倾向，并且觉悟还在群众之上。凡是希望能发生效力的任何行动，都应该让群众参加，我希望你能努力达到这一目的。不幸的是，你的意见在起初就如此不同，我们在那时就应该终止谈判了。但由于我的朋友告诉我，你那时在经济上需要帮助，我就帮助了你，并与你订立任意选定的契约。我也曾慎重地说明，只试用一年。……

亚利斯泰是个十分固执的人，他提议将他们的争论提交到仲裁法庭，但阿尔弗雷德拒绝了，最终两人很不愉快地绝交了。

不过，这段经历还是很有意义的，因为阿尔弗雷德得以有机会发表自己对于和平问题的意见。

虽然发生了亚利斯泰那场风波，但这丝毫没有影响阿尔弗雷德对于和平事业的热忱。在他去世的前一年，他曾写了几封信给他的侄儿加尔玛·诺贝尔，表明了他的理想主义和实用主义的思想。

加尔玛以为，阿尔弗雷德是想在瑞典申办一种报纸，以对他所经营的各项事业有所帮助。但阿尔弗雷德回信说：

> 你以为我的目的是操纵市场是吧？不过，我如果主动办一种报纸，结果反而是会引人反对的。我从来不顾及我个人的利益，这是我的特性。我经营新闻报纸的政策并不是用我的努力对付裁减军备和那些中古时代留下来的东西，而是力劝他们，如果制造军火，就应在国内制造。因为无论如何，不应该依赖国外进口产品的一种工业当然就是军火制造业。既然瑞典有军火制造厂，如果我们不设法维持，那不但可笑，还十分可怜。我主办报纸的目的，就是要鼓励或激起真正自由的意见。在国民的普遍智慧五倍于国内的现状时，就应该有这样的感化力了。

这封信是在1895年12月7日写的。在这前几天，也就是11月27日，阿尔弗雷德在自己的遗嘱上签字，将自己遗产的一部分提出作为奖金，奖给那些"对于促进各国的和平关系，对于裁减和废除常备军，以及对于组织和增设和平会议最出力的人"。因此，让世界永久保持和平是阿尔弗雷德·诺贝尔一生始终坚持不懈的梦想。

1968年，在瑞典中央银行建行300周年之际，为了纪念阿尔弗雷德·诺贝尔，银行出资增设了诺贝尔经济奖（全称为"瑞典中央银行纪念阿尔弗雷德·伯纳德·诺贝尔经济科学奖金"，也被称为"纪念诺贝尔经济学奖"），以授予在经济科学研究领域作出重大贡献的人。该奖于1969年开始与其他5个奖项同时颁发。

第十七章 慈善的大富翁

我不愿资助一个半途放弃工作的人，另一方面，我愿帮助有梦想的人们。

——诺贝尔

（一）

从幼年时期开始，阿尔弗雷德就将帮助他人视为人生的一大乐趣。成年之后，他更是变得乐善好施。

在阿尔弗雷德看来，没有实践的宗教不是真正的宗教。而他的宗教观念，就是对人类的爱。

阿尔弗雷德的外表看起来严肃冷酷，让人难以接近，但其实他的内心充满了慈爱。遇到穷苦之人，或者陷入困境的人，他绝不忍心坐视不管。

由于阿尔弗雷德的慷慨大方是出了名的，在他事业如日中天之时，来自个人、团体的求助信也像雪花一样纷纷飘到他的办公室，让他应接不暇。

"如果把困难告诉诺贝尔先生，他什么都肯帮助你去做。"

处理这些信件花费了阿尔弗雷德大量的时间，这也令他感到很苦恼：

　　"每天起码有20封求助的信件寄到我的办公室，总金额平均有两万法郎，预计一年需要700多万法郎。这样一来，不论是古尔多，或潘达比尔，还是罗斯柴尔德也都会破产的。"

　　"可是，托您的福，不知有多少人因为您的帮助而脱离苦海，衷心地感激你的！"有人这样对他说。

　　每当听到这些话，阿尔弗雷德都会无奈地摇摇头苦笑。

　　不过，他嘴上虽然这样说，但一旦有人向他求助，阿尔弗雷德总是不忍心拒绝。有时援助金额意外地增多，以致自己常常身无分文，这种情形经常发生。但是，他还是不厌其烦地帮助这些人，他说：

　　"每当我写一封拒绝的信时，我的心里都觉得很难过。我有多得用不完的钱，可是这些钱对我来说并没什么用处。而这些请求我帮助的可怜人，他们却生活在水深火热之中，不得不在贫困和疾患中挣扎。上天让我功成名就，那么，帮助他们难道不是上天赋予我的一项职责吗？何况，别人因为得到我的帮助而脱离困境，这也令我感到无比的快乐。"

　　因此，对待每一封信，阿尔弗雷德都十分认真，总是坐下来不厌其烦地研究这一封封来信，设身处地地站在对方的位置考虑他们的困难，然后根据困难程度的大小来提供相应的资金援助。大多数情况下，阿尔弗雷德寄出去的钱都比对方所要求的多得多。

　　有时候，阿尔弗雷德还会收到一些年轻人雄心勃勃的创业计划，这让他感到由衷的高兴。这些年轻人怀着对世界、对人类的美好情感，怀着满腔的抱负想要开创一番事业，造福人类，而且还有了切实可行的计划，可是却由于资金等等原因，让他们的计划被迫搁浅，甚至夭折，实在是可惜！

　　阿尔弗雷德既为他们慷慨激昂、富有激情的言词感到振奋和欣慰，又为他们的不幸感到惋惜。他写信鼓励这些年轻人，并且会毫不吝惜地捐助一大笔资金。

对于各种慈善团体和机构，阿尔弗雷德也同样是无私援助，毫不吝啬。

可是，阿尔弗雷德的善心却不一定完全换来善果，因为这些求助的人当中有一些是骗子，他们想要利用阿尔弗雷德的好心肠来骗取一些好处。于是，他们就编造各种理由和谎言，并不知廉耻地狮子大开口，从阿尔弗雷德那里骗来钱后，就将这些钱用在享乐和纵欲之上。

没有比这种欺骗更能让这位心怀慈善的老人感到愤怒的了，但是，他依然没有改变自己乐善好施的品行。

（二）

阿尔弗雷德是巴黎的瑞典教会中的一位慷慨大方的捐助人。1889年的一天，他收到了一封瑞典教会牧师寄来的信。在这封信里，牧师详细地叙述一个教友陷入窘境的情形。

阿尔弗雷德看完信后，立即就写了一封回信：

> 在以前，我常常会因为类似的问题受到欺骗。他们都怀着某种个人的目的，毫不知耻地向我撒谎。可是，当我听到正直而认真工作的人濒临绝境时，我绝对会毫不犹豫地给予帮助。你说解决这个人的问题，有600法郎就足够了，但是，做了不够充分的援助还不如不做，所以，我决定汇上1000法郎，但愿这些钱能够帮助他解决困境。

阿尔弗雷德对许多人的帮助还不仅仅限于金钱上，有时还会给予一些忠告，有时则以友谊来支援对方。

有一天下午，阿尔弗雷德乘车来到巴黎的一条大街的拐弯处停了下来。下车后，他步行走了一段距离，来到一家药铺门前，摘下他的礼帽，向里面张望着。

不一会儿，就从药铺里走出一名少女来。

"咦，这不是诺贝尔先生吗？"少女惊讶地看到了阿尔弗雷德，阿尔弗雷德正微笑地望着她。

两人很快就兴高采烈地聊了起来。

原来，这是一位曾被阿尔弗雷德援助过的瑞典少女。几个月前，少女在异乡丧父，她的家人当中，除了她之外，就没有其他可以工作养家的人了。因此，为了照顾母亲和年幼的弟弟，少女努力地在外面做工赚钱以贴补家用。

可是，她的邻居对她和她的家人都不太友好，也不愿意给予他们一些帮助。

阿尔弗雷德在听到这个消息后，就向少女伸出了援助之手，接济了一点钱给她，解决了她一时的困难，同时还介绍她到这家药店中来做店员。

阿尔弗雷德的善举深深地感动了少女。感激之余，少女给阿尔弗雷德写了一封信：

> 诺贝尔先生，谢谢您的关照。托您的福，我已经能够安心地生活了，请您不必再挂心。如果有机会到列里维街道来，请一定光临鄙店坐坐。如果能这样，我将高兴至极。

读到这封信，阿尔弗雷德被少女的感激之情所打动，心想：

这个可怜的孩子，多么需要人间的温暖啊。

于是，他打算亲自到列里维街去看看。

阿尔弗雷德很能够体谅别人的心情，到了大街的拐角处，他就让马车停下，然后步行到药店里，假装散步时顺便来到这里。他担心坐马车直接开到药店门口，会让少女知道他是特意来看望她的，反而会令她感到不安。

临走时，阿尔弗雷德慈祥地对少女说：

"看到你能够在这里快乐地工作，我就放心了。不过，你要注意健康。以后有机会，我会再来看你的。"

次日，阿尔弗雷德又收到了少女寄来的一封信：

我一直都以为没有机会可以见到您。对您昨天的突然来访，我万分意外。因为太高兴了，一直想向您说的话反而一个字都说不出来。

虽然我只是个普通的女孩子，但是，如果有我能够帮到您的地方，请您告诉我，我愿意为您做任何事。

现在，这个世界上除了您、我的母亲和我的弟弟马克之外，再也没有值得我关心的人了。

此后，阿尔弗雷德大概又去看望了少女几次，因为在另一封信中，她写道：

"多谢您友好地来看望我，我想，再没有人烦扰我了！"

无疑，这样的信是十分感人的。

（三）

1889年，阿尔弗雷德的母亲卡罗琳娜与世长辞了。在悲痛之余，阿尔弗雷德把母亲的遗产中归他的那部分做了安排：

"我在斯德哥尔摩讲过，我只想保留母亲的画像以及一些她所喜爱的，尤其能让我联想到她的小物品。另外，对于遗产当中属于我的那部分，我保留处置权。我想从中拿出一部分，建立一座既美观大方，又不会太显眼的纪念碑；并且希望将另一部分遗产用来建立一个以母亲的名字命名的慈善基金会，基金可望达到10万克朗。"

但是，经过一番考虑，阿尔弗雷德还是打消了建立纪念碑的想法，而是将遗产中归自己继承的约为28万克朗的大部分都捐给了瑞典社会和各种慈善机构。

此外，他还将这笔遗产中的一部分分给了其他的一些亲戚。最终，他手中仅仅剩下母亲遗产中的2.4万克朗。

然而，这笔数额不小的款项在阿尔弗雷德这里根本不算什么，这笔钱后来都被他赠予了一些有困难、需要帮助的人们。

阿尔弗雷德不但对外面有困难的人积极给予帮助，对自己工厂里的工人更是十分关照。他从不随意解雇工人，对工人的生活也关爱有加。

奥地利诺贝尔工厂的员工后代们说，在19世纪七八十年代时，该厂的工资与劳动条件相当优越，很多年轻人为了能够在诺贝尔的工厂工作，都将自己的名字登记在招工的候补名册上，依次序等候招工。

而且，工厂当时还实行这样的一种制度：

凡是在工厂里工作了一定期限后，每个月都可以领到大约30奥币左右的奖金。

当时，报纸就曾经以一种惊奇的口吻报道说：

"这些公司里具有免费治疗的工厂医生和免费供药制度，并且有着事实上的一整套社会福利。之所以采取这样的措施，其目的就是为了防止诺贝尔公司的工人在退休之后，出现死在厂房里或大街上的现象。"

作为一个雇主，阿尔弗雷德能够真正尊重工人的自由和价值。

早在1887年，阿尔弗雷德就对未来有预见性地写道：

"当某一天世界真的变得文明时，那些尚且不能工作的儿童和那些不能继续工作的老人，将毫无疑问地享受一种普遍的国家补助金。这自然是十分公平的，而且实现这一计划，肯定会比人们想的容易得多。"

这些就是阿尔弗雷德的思想和观点。

"只顾自己而不顾别人的人，就像无法接触阳光的宝石一样。"

这是阿尔弗雷德的一句座右铭。

无论在任何地方开办公司和工厂，阿尔弗雷德都十分关心员工的利益。有一次，保守的报纸《工人的朋友》曾邀请阿尔弗雷德帮忙在工人中间推销这份报纸，向他说：

"煽动者们正在向工人灌输许多麻痹他们神经的药物，每一位雇主为了自己的利益，都应该预备解毒剂。"

而阿尔弗雷德则回答说：

"如果规定工人们应该读什么报纸，不应该读什么报纸，我认为这是毫无理由的；反过来，他们有要求我不得干涉他们自由的权利。"

由于阿尔弗雷德尊重工人的人格，并对工人给予真诚地关心，据说他工厂里的工人从没有发生过罢工事件。

对于自己的主要助手，阿尔弗雷德也是关心备至。1891年，阿尔弗雷德被迫移居意大利时，他在法国聘请的助手费鲁巴赫不想同他一道去意大利，于是，阿尔弗雷德就发给费鲁巴赫高额的退休金，让他就地退休。

此后，在1893年，阿尔弗雷德又聘请了瑞典青年工程师索尔曼来意大利担任他的助手。阿尔费德勒认为索尔曼很称职，于是就在他的圣雷莫别墅附近为索尔曼买了一栋别墅。

虽然对别人如此慷慨大方，可对于自己，阿尔弗雷德却很"小气"。他不抽烟，不喝酒，不赌博，当然更没有任何的挥霍之举。

对于那些借钱或者真正需要钱的人来说，阿尔弗雷德大多数情况下都会表现出慷慨与理解；然而，作为一个习惯于数字的商人，他对那些懒惰的人则感到十分恼火。当遇到这种情况时，这位慈善的富翁就会训斥他们说：

"我也曾经有过形势不利的时候，甚至在金钱方面也是这样。但无论遭遇任何困难，我从来没有一天出现过超支的情况。这让我有理由来要求别人也能像我们自己一样，始终遵守这条规矩。"

在斯德哥尔摩，有一个处境很好，但却显然经常利用阿尔弗雷德的恩惠而经常拖欠还账的贷款者，接到了下面这封寄自巴黎的信：

由于你再次忘记了我的那项小小要求，而这项小要求在我看来已经拖延得够久的了。因此，我只好冒昧地通过大使馆或者瑞典慈善机构将其收回，以便交给那些没有钱的同胞使用。

果然，从账本上看出的这项"小小要求"为一万克朗，最后真的被用于照顾生活在巴黎的瑞典艺术家们了。

第十八章 倦鸟归林

知足是唯一真正的财富。

——诺贝尔

（一）

阿尔弗雷德的晚年主要是在意大利的小镇圣莫雷度过的，并且一直到去世。由于在法国期间，因为"无烟炸药"案件遭遇了不公平的对待，阿尔弗雷德便离开了那个让他伤心不已的国家，迁居到了意大利的圣莫雷。

圣莫雷是个坐落在地中海边的小乡村，空气清新，气候宜人。但可惜的是，在意大利阿尔弗雷德也没能获得充分的休息，仍然有许多工作上的问题需要他来解决，他每天不得不像个陀螺一样不停转动，没完没了地从一个国家到另一个国家。

每到一个国家定居下来，阿尔弗雷德都要考虑实验室的安置问题。同样，他在圣莫雷也建立了一个研究实验室，并特意从德国订购了一批新的实验仪器和机械设备。

在这所实验室当中，阿尔弗雷德依然每天努力地工作着，对炸药的发明工作也依然继续，并且他在炸药领域的最后一项发明——"改进型无烟炸药",即为了适应某些特殊情况而进一步改进的混合无烟炸药,就是在圣莫雷实验室研究出来的。

然而随着年龄的增长,孤独感也日益加重,这也很容易勾起对故土的思念。从青年时代开始,阿尔弗雷德就习惯了居无定所、四海为家的生活,先后在瑞典、俄国、英国、法国和意大利等国家居住。到了晚年,阿尔弗雷德再也不想这样四处奔波漂泊了,他很想找个地方永远地停歇下来。

自从移居到圣莫雷之后,阿尔弗雷德就开始陷入一种难以名状的失落和孤独当中。这里远离伦敦、巴黎、汉堡,因此实验室中所需的化学制品和设备等采购起来十分不便。此外,工人也不容易找,当地人对他在自建的长铁桥上试制火箭发射时发出的噪音也颇为不满。可以说,在圣莫雷,阿尔弗雷德并不是一个受欢迎的人。

"也许瑞典是个不错的选择。"阿尔弗雷德想。

瑞典是阿尔弗雷德的出生之地,他最挚爱的家人也先后被埋葬在那里。每次阿尔弗雷德回到瑞典,都会勾起他对亲人和童年的美好回忆。

正是出于这种强烈的故土之恋,经过思考后,阿尔弗雷德很想叶落归根,回到故乡瑞典去。

从1893年开始,阿尔弗雷德就一直在考虑重回故土的事情。但如果要他回去什么都不干,只待在家里养老,忙碌惯了的他又觉得很难受。虽然此时的阿尔弗雷德身体和精神都大不如前,但他还是不愿意过无所事事的日子。

恰好在这时,瑞典有个很好的机会等着阿尔弗雷德回去发展。阿尔弗雷德听说,在瑞典韦姆兰省的伯福尔斯钢铁厂准备出售,他觉得这是个不容错过的好机会。

于是,阿尔弗雷德就亲自回瑞典考察了一番。结果发现,这家工厂的设备很陈旧，技术也落后。不过，阿尔弗雷德喜欢具有挑战性的工作，所以他很痛快地就买下了这家大公司的大多数股份。

有事情可做了，阿尔弗雷德就不担心回瑞典后闲得发慌了。为了将这家新买下的公司发展起来，阿尔弗雷德投资将这家工厂完完全全地整修了一番，还购进了许多先进的设备。同时，他还委托助手索尔曼聘请一大批优秀的瑞典工程师到公司工作。

后来的伯福尔斯公司之所以能够在20世纪初期成为瑞典一家拥有万余名职工的大型企业，很大程度上都应该归功于阿尔弗雷德生前为这家公司所奠定的资金基础和技术基础。

阿尔弗雷德就住在伯福尔斯工厂附近的一所贵族庄园当中。1895年，阿尔弗雷德又在这里建造了各处住所都有的实验室。这所实验室比圣莫雷的实验室还要大得多，在这儿进行试验几乎与在工厂里进行生产的规模一样。

把实验室都布置好后，阿尔弗雷德也暗暗告诉自己：不要再折腾了，自己已经不再年轻了，身体也十分不好，此时应该安定下来，过一点安稳的日子了。他希望这是自己的最后一次搬家，因为他再也不想过以前那种到处奔波的日子了。

由于瑞典的冬季十分寒冷，考虑到健康因素，医生建议阿尔弗雷德冬天回意大利，在气候适宜的圣莫雷居住，然后在夏秋季节再回到瑞典来。

虽然十分不想再奔波劳碌，但阿尔弗雷德最后还是接受了医生的建议。而且，圣莫雷那美丽的景色和宜人的气候，对他来说的确有着无穷的吸引力。因此，阿尔弗雷德还保留着那里的实验室和住所，每逢瑞典的严冬到来时，他就回到阳光和煦的圣莫雷，在碧蓝的海边居住一段时日。

（二）

在1894年至1896年期间，阿尔弗雷德尽管身体状况欠佳，但依然以自己的设想为基础进行着各种各样的试验，这也表明他比他的时代先走了50年。如今，这些试验都已经流入到那条永恒的河流里去了。

作为一名军火制造商，经常四海为家的阿尔弗雷德·诺贝尔长期处境微妙；而现在，他完全可以站在瑞典人的立场上，将他的思想放在国防之上。正如他的父亲伊曼纽尔当年那样，发展了他的"保卫自己亲爱的祖国免受强敌侵犯的方法"。

阿尔弗雷德自己也曾经写道：

"假如说有一种工业部门应该完全不依赖国外供应的话，那么，很明显它就是国防部门；由于在瑞典有着弹药工厂，如果不使它们保持发展，那将是既可惜又荒唐的。……我们是为了生活而接受订货的，但我们的目的是去创造，而不是沿着祖先们的脚印走路。"

在阿尔弗雷德所经营和负责的一切事务里，他所要求的是最好的劳动、原料和产品。在伯福尔斯的情况也是如此。从车间建筑，到机器和生产方法，都被他完全扩大和现代化了，产量也由于采用新的方法而增加。

然而，随着二哥路德维希和母亲的相继去世，阿尔弗雷德自己也痛苦地体会到了身体老化、衰弱的过程。他的身体状况一天不如一天，做实验时也越来越强烈地感到力不从心。以前，他常常可以在实验室中一整夜地工作而依然神采奕奕，而现在还没站上一两个钟头就已经累得腰酸腿疼了。

阿尔弗雷德在给自己的助手索尔曼的信里曾经写过：

"我从不借用的两件东西就是金钱和方案。"

毫无疑问，这两种东西对他来说都是绰绰有余的。然而，让这位发明家越来越感到致命般痛苦的，是时间、睡眠、健康和平静的不足。由于一直缺乏休息，现在他的身体要来找他算账了。

对于阿尔弗雷德来说，发现身体的变化已经是一件令人十分沮丧的事了，而更让他惊慌失措的是，死亡的阴云也逐渐笼罩到他的头上了，那天，阿尔弗雷德感到有些疲乏，早早就上床休息了。像往常一样，他一直到深夜了还毫无睡意。这几年，他已经习惯这样了，也就任其自然，不去理会，然后闭着眼睛静静地想着心事。

忽然，他感到浑身难受极了。阿尔弗雷德很想起来走动一下，可身体却好像被牢牢捆在床上一样，连一根手指都无法动弹。

难道是心绞痛又发作了吗？

阿尔弗雷德紧张极了，他什么都做不了，唯一能做的就是拼命地忍着疼痛与恐惧，在黑暗中静静地等待……

"难道，我的末日到了？那么，现在是不是就是我生命的最后几个小时？也许明天仆人打开门，就会发现一具僵硬的、丑陋的尸体躺在这张床上，他们会不会吓得大叫？"

阿尔弗雷德感到一种从未有过的绝望。

然而几个小时后，身体的疼痛感渐渐消失了，阿尔弗雷德也开始能够慢慢地动弹了。他感到自己像是从鬼门关逃脱回来一样，说不出的恐惧，又有说不出的庆幸。

他挣扎着坐起来，用手摸了摸自己的衣服，身上的衣服已经全部被汗水浸透了。

这种死亡的威胁固然可怕，而更让阿尔弗雷德无法忍受的，是无处不在的寂寞与孤独。这种坏情绪经常困扰着他，让他不时地变得莫名地失落起来。这时，他就会将自己一个人关在屋子里，一个人绝望地、静静地沉浸在一种无边无际的思索之中。

所幸的是，阿尔弗雷德最终还是挨过了这段艰难的时光。随着时间的流逝，他也越来越清醒地意识到自己的时间不多了。理解了这一点，反而让他有种如释重负的感觉，他也感到一种从未有过的坦然与放松，头脑也变得清醒起来。

此时的阿尔弗雷德，又重新回到了文学的天地，重新吟咏起雪莱、拜伦等人的不朽诗篇。虽然他是一位发明家、实业家，可这位营造了一个庞大的实业王国的企业家似乎并不那么务实，他对玄虚的哲学很有兴趣。

在1893年时，当瑞典的乌普萨拉大学授予阿尔弗雷德名誉博士的学位时，他激动万分。后来在给友人的信中，他是这样写的：

> ……自从大学评论会授予我哲学博士学位后，我几乎成了一个名副其实的哲学家，而且开始觉得"实用"这个词不过是个虚幻而已。

在阿尔弗雷德功成名就之后，他几乎每时每刻都在梦想着从中解脱出来，甚至已经为自己定好了一个详细的行动计划，比如，他要将自己炸药和企业方面的所有权都卖掉，摆脱一切事务的干扰，然后一心一意地投身于科学。

愿望是美好的，然而这个计划却一直都没能实现，它始终只能是阿尔弗雷德自己一厢情愿的事。在亲手营造的这个遍布世界的实业网络后，阿尔弗雷德也被这张大网紧紧地裹住了。他一次次想要摆脱实业家的身份，结果也一次次失败。

晚年的阿尔弗雷德常常陷入这样的沉思：

"这就是我的一生吗？我这一辈子究竟都做了什么？"

"当我死去后，人们是否会理解我所做的一切？在我余下的光阴当中，我还能再做些什么事情来弥补这一切呢？"

（三）

1896年，阿尔弗雷德在他一生中的最后一年仍然在瑞典、法国和意大利之间奔波着。这一年，他的心情似乎很好，因为近两年的几件事都办得令他很开心。

然而这年的8月，他的大哥罗伯特因为心脏病不幸离世，给阿尔弗雷德造成了巨大的打击。他在赶回瑞典参加完罗伯特的葬礼之后，便顺道去巴黎治病，并在巴黎住了数月。

在逝世前的两个月，阿尔弗雷德在巴黎给朋友写的信中说：

> 你知道我来巴黎是为了请一位著名的心脏病专家治病，他和我的医生都说我的大动脉已经进一步恶化，不能再像以前那样苦干了。但这并不意味着我每天闲着不做事，只是要尽可能地避免紧张疲劳的旅行。

第二天，他又在给助手索尔曼的信中说：

> 因为心脏病我需要在巴黎住上几天，一直要等到医生们商议出最好的治疗方法。他们开的处方是内服硝化甘油，这就好像是命运在与我开玩笑。他们为了避免吓坏药剂师和公众，管它叫特宁可酊。

在前一年，即1895年2月时，斯德哥尔摩的一位专利局某部门的主任，也是一位发明家，在瑞典科学院做了一次报告，提出了一个乘坐飞船到北极探险的计划。以往也曾有许多探险者葬身于冰天雪地之中，没有一个人达到他们的目的——提供有关北极圈的科学数据，填补地图上的空白。

这个发明家名叫萨拉蒙·奥古斯特·安德烈。在青年时期，他就已经越过大西洋，到达美国费城，学习了当时有关航空学的全部知识。

他还制造过一些气球，在上面装上牵引绳、导向绳和风帆等，使之成为可以操纵的飞船。他的飞行试验在美国和欧洲都引起了巨大的轰动。

科学院的成员听了他的计划，但对这项计划的可行性仍然持怀疑态度。不过，安德烈的计划却引起阿尔弗雷德·诺贝尔的兴趣。他在专利局结识了安德烈后，就与他讨论各种各样的科学问题。尽管在一些问题上他们都持有不同的看法，但阿尔弗雷德很信任这位瑞典人。

安德烈经过一番周密的考察，将其中可能会遇到的困难都一一考虑进去，然后挑选了三位优秀的学者和技师作为同伴。他需要12万瑞典克朗来装备和发射飞船、配置考察设备，阿尔弗雷德很高兴地给予了支援。他认为：

"敢于向不可能的事情挑战，敢于大胆梦想，安德烈是个了不起的人物！"

与安德烈一样，阿尔弗雷德也是个喜欢挑战的人，喜欢粉碎一个个障碍时所带来的快感。他们在未知的领域前都不会裹足不前，而是充满了强烈的好奇心，喜欢兴致勃勃地去钻研探索。

阿尔弗雷德与安德烈惺惺相惜，他还恳切地劝诫安德烈说：

"过去的几百年当中，有许多像你这样的勇士踏上了前往北极的旅途，可是到目前为之，这些前仆后继的先行者没有一个人能够走到他

们的目的地，不少人在半途中就倒在了冰天雪地里，连尸骨都找不到
了。安德烈，去北极探险没有大智慧是不行的，这不仅需要非凡的勇
气，还需要细致周密的头脑，千万马虎不得。"

事后，阿尔弗雷德和安德烈一直保持着友好而密切的联系，共同解
决考察中遇到的各种问题。对这次北极考察的情况谁也不了解，乘坐
飞船到北极的方式也没有人尝试过，但两个人都喜欢解决难题，种种
未知的因素激发了他们的热情。

人们看到阿尔弗雷德这位年迈多病的老人依然满腔热情地帮助安德
烈的事业，都很惊讶。在他们看来，这位严肃认真的实业家，现在居
然热衷于一些荒谬而不切实际的设想，简直令人疑惑不解。

然而，这项前所未有的冒险计划却给阿尔弗雷德带来了心理上的变
化，他开始计划自己的身后事，考虑死后如何处置自己的遗产问题。
在这项事业当中，阿尔弗雷德也确信自己找到了造福人类的最佳途
径。起初，他漫无目的地接济一部分人，后来才发现，他帮助的人当
中有很大一部分是奸诈狡猾的骗子。这件事也让他认识到，只有通过
一定的组织形式，才能最有效地帮助那些真正需要帮助的人。

1990年，阿尔弗雷德·诺贝尔的一位重孙克劳斯·诺贝尔又提出增设诺贝尔地球奖，以授予全世界为保护环境作出重大贡献的人士。这项被称为绿色诺贝尔奖的"联合国——地球是一体"奖于1991年6月5日世界环境日之际由"地球是一体"协会在联合国的赞助下首次颁发。

第十九章 牵动世界的遗嘱

在我们这个被称为银河系的小小的宇宙旋涡中，大约运行着一百亿颗太阳。太阳倘若知道了整个银河系有多大，它也肯定会因为自己的渺小而感到羞愧不已。

——诺贝尔

（一）

阿尔弗雷德一直关注着安德烈的北极考察队的一举一动，尽自己最大的努力促使这项行动付诸实施。

而人们也都在以持续的热情饶有趣味地从报纸上阅读着这位英雄的一举一动，津津乐道于这次富有意义的探险活动。

1896年，安德烈为出发做好了一切准备，就等着选好天气出发了。阿尔弗雷德也在热切地期望着这次飞行。

然而遗憾的是，由于当年的气候不佳，考察活动不得不被推迟到了第二年。听到这个消息后，阿尔弗雷德非常失望，他怕自己再也等不到安德烈起飞了。

最终阿尔弗雷德也没有看到这次考察活动成功。而且在第二年，安德烈与其他两位立志征服北极的同伴在探险的征途中也不幸遇难。

33年后，一支探险队在白岛上找到了安德烈探险队的遗迹。这位坚强不屈的战士虽然牺牲了，但他却将自己的探险日记保存得完好无损，上面以严谨科学的态度记载了他冻死之前所发生的一切情况。

在资助安德烈进行这次探险的过程中，阿尔弗雷德也深受启发，他的遗嘱设想也逐渐趋于成熟。

在生命的最后几年，阿尔弗雷德曾立下过三份内容非常相似的遗嘱。第一份立于1889年，第二份立于1893年，第三份则立于1895年。由于有了第三份遗嘱，此前所立的两份遗嘱便因此而作废。

由于在巴黎承受不白之冤，"死后"还要饱受指责，阿尔弗雷德很难过。经过慎重考虑，他认为自己应该向世人表白自己的心迹，让人们了解自己的内心世界。

于是在1889年，56岁的阿尔弗雷德给一位斯德哥尔摩的朋友写信说：

> 请您费心帮我找一个瑞典律师，为我起草一份合适的遗嘱。我已经两鬓斑白，筋疲力尽，必须摆脱尘世的烦恼。我早就该准备了，只是我一直在忙于其他的事务。

当时，阿尔弗雷德只想要一个遗嘱的样本，然后在拟定格式后再起草具体的条款。然而，律师不久之后就给他寄来了遗嘱的草稿，并且还提出了自己的建议，但是他的措辞过于空洞，并不适用。本来阿尔弗雷德经过多次诉讼案件的教训后，对律师已经很不信任了，现在更是让他对他们失去了信心。于是，他决定自己拟定。

第一份遗嘱内容比较简单，而且也没有完全拟定完，内容主要是强调将自己的一笔基金分配给斯德哥尔摩大学。

到1893年时，阿尔弗雷德已经不再急于要向世人表明自己的心迹了，他开始理智地思考自己的身后之事。

阿尔弗雷德是一名乐善好施的大富翁，但他几乎花费了一辈子的时间才意识到，这样漫无目的地接济别人并不是最好的行善方式，因为有些最需要帮助的人可能依然处于痛苦的煎熬当中，而一些得到帮助的往往是狡猾、贪得无厌的人。

因此就在这一年，阿尔弗雷德起草了第二份遗嘱。在这份遗嘱当中，他表示要用自己的财产奖励那些科学领域的先驱。而且，他还没有忘记自己的和平理想，特别为成绩卓著的和平战士设立了一笔奖金。

这份遗嘱没有指出确定的款数，只提出了将全部财产的20%分给个人，包括他的朋友和亲属，共有22人之多。

此外，他还将全部财产的17%分给了一些社会团体和教育学术研究机构，比如：维也纳奥地利和平朋友协会、斯德哥尔摩大学、巴黎的瑞典俱乐部、斯德哥尔摩医院等。

他还拨出一部分款项为卡罗琳娜医学研究会建立了一项基金，遵照管理部门的决定，每3年将基金所得的利息奖给生理学或医学领域内最重要和最新的发现与发明。

对于财产的剩余部分，遗嘱中写道：

"余下的财产将全部赠予斯德哥尔摩科学院，以建立基金，每年由科学院将利息奖给在知识和进步的诸多领域（除医学和生理学）中最重要和最新的发现或其他成就。"

阿尔弗雷德还特别强调：

"我希望能够按照我的遗嘱考虑将奖项颁发给最应获得的人，受奖者不分国籍，不管是瑞典人还是外国人，是男人还是女人。"

同时，遗嘱还写道：

"我想用一笔巨大款项扩建城市的火葬场，希望斯德哥尔摩卡罗琳娜研究所愿意承担这件事，这是与社会健康和福利有关的重要之事，应该热心完成。"

（二）

以上两份遗嘱，阿尔弗雷德在设立时都曾经过慎重的考虑，然而到了1895年，他对自己遗产的处理方式感到不满。而且，原来的遗嘱的确很粗糙，许多细节问题还没有考虑到。

经过反复的思考，阿尔弗雷德又产生了一个不太成熟的想法：

"如果这笔遗产仅仅只能对十几年间的少数几个杰出人物产生影响的话，那是远远不够的。我多么希望能够将我的全部遗产用于为人类谋求福利的事业，这将是一项伟大的'慈善事业'！

"如果可以的话，我将要用这笔财产设立一个基金会，用基金的利息来奖励人类的伟大成就，奖励那些既充满英雄气概，又求知精神的伟大人物，这些人物用无畏的精神探索着那些未知的精神领域。"

之所以产生了这样的想法，也是阿尔弗雷德从自身的体会中得出的：

"在我们生活的这个世界上，有多少天赋优秀的科学家因为饥寒交迫，为了解决温饱，为了养活妻儿而不得不放弃那些看似没有实用价值、其实妙用无穷的基础理论研究，去从事其他无益的研究来维持生计。我的遗产将会帮助他们渡过难关，鼓励他们勇往直前，实现自己的理想，从事自己心爱的研究。"

阿尔弗雷德不断地进行着思考和酝酿，而就在这一年资助安德烈进行探险活动的过程当中，阿尔弗雷德最后的遗嘱设想也逐渐形成了。

1895年11月27日，阿尔弗雷德在巴黎的马拉科夫大街寓所当中，亲手用瑞典文写下了长达四页纸的遗嘱。当时没有一位律师在场，也没有其他任何人的帮助。这份遗嘱写完后存放在斯德哥尔摩一家银行里，于1897年公之于众。

遗嘱的全文如下：

我，签名者，阿尔弗雷德·伯纳德·诺贝尔经过慎重考虑后，特此宣布，以下是我的最后遗嘱和关于我去世后可能留下遗产的遗嘱：

赠予我的侄子加尔玛·诺贝尔和路德维希·诺贝尔（即我哥哥罗伯特·诺贝尔的两个儿子）每人20万瑞典克朗；

赠予我的侄子伊曼纽尔·诺贝尔30万瑞典克朗，赠给我的侄女米娜·诺贝尔10万瑞典克朗；

赠予我的哥哥罗伯特·诺贝尔的女儿依佳伯格和蒂拉每人10万瑞典克朗；现同布兰德夫人在一起，暂住在巴黎圣弗洛朗坦街10号的奥尔加·贝特格小姐，将获得10万法国法郎；

特此给予索菲·卡派·冯卡皮瓦夫人（据悉她的地址是，维也纳的英—奥银行）6000弗洛林的年金享受权，由英—奥银行支付给她。为此，我以匈牙利国家债券的形式寄存在该银行15万弗洛林；

阿拉里克·利德伯克先生（现住斯德哥尔摩斯图勒街26号）将得到 10万瑞典克朗；

埃莉斯·安特小姐（现住巴黎吕贝克街32号）可得到年金2500法国法郎。此外，她拥有的48000法郎现在由我保管着，应予归还；

美国得克萨斯州沃特福德的艾尔弗雷德·哈蒙德先生将得到1万美元；

柏林波茨坦街51号的埃米·温克尔曼和玛丽·温克尔曼两位小姐，每人将得到5万马克；

法国尼姆市维亚迪大道2号乙的高契夫人，将得到10万法郎；

我在圣雷莫实验室的雇员，奥古斯特·奥斯瓦尔德和他的妻子阿夫斯·图南德，每人将得到年金1000法郎；

我以前的雇员约瑟夫·古拉多特（住要索恩河畔沙隆斯市圣劳伦特寓所5号）可得到年金500法郎；

我以前的园林工、现在与德苏特夫人住在一起的琼·莱科夫（法国埃库昂省西南部的奥布里县梅尼镇库拉利斯特税务所）将得到年金300法郎；

乔治斯·费鲁巴赫先生 （现住巴黎贡比涅街2号）自1896年1月1日至1899年1月1日，可得年养老金5000法郎，到期中止；

我哥哥的孩子：加尔玛、路德维希、依佳伯格和蒂拉，每人有2万克朗的资产由我保管着，应当归还给他们。

我所剩下的全部可转变为现金的遗产，将以下述方法予以处理：

这份资产由我的遗嘱执行人进行安全可靠的投资，并将所得的资本设置一项基金，其利息以奖金的形式，每年分发给那些在前一年里曾为人类作出过杰出贡献的人。

上述利息将被平分为五份，其分配办法如下：

一份奖给在物理学领域内作出最重要发现或发明的人；

一份奖给在化学方面作出最重要发现或改进的人；

一份奖给在生理学或医学领域内作出最重要发现的人；

一份奖给在文学方面创作出具有理想主义倾向的最杰出作品的人；

一份奖给为促进国家团结友好、为废除或裁减常备军以及为和平会议的组织与宣传作出最大努力或贡献的人。

物理学奖和化学奖将由斯德哥尔摩的瑞典科学院颁发；生理学或医学奖由设在斯德哥尔摩的卡罗琳娜医学院颁发；文学奖由设在斯

德哥尔摩的文学院颁发；和平奖由挪威议会选出的五人委员会确定。

我明确希望，在颁发这些奖项时，对于受奖候选人的国籍不应该予以考虑，不管他是否为斯堪的纳维亚人，只要他当之无愧，就应该受奖。我郑重声明，这是个迫切的愿望。

我特此委任居住在韦姆兰省波福什的拉格纳·索尔曼先生，和居住在斯德哥尔摩市马尔姆斯基街31号，有时也居住在乌德瓦拉附近本茨福什的鲁道夫·里尔雅克斯特先生，为我的遗嘱执行人，请他们依据遗嘱进行安排。为了补偿他们为此所付出的心血，我拨给拉格纳·索尔曼先生（他可能要把大部分时间用于此事）10万克朗，拨给鲁道夫·里尔雅克斯特先生5万克朗。

现在，我的资产当中，一部分是巴黎和圣雷莫的房地产，一部分是寄存在下述地点的债券，即：

格拉斯哥和伦敦的苏格兰联合银行，里昂信贷银行，法国国立贴现银行，巴黎的阿尔芬·梅辛公司；大西洋银行以及巴黎的证券经纪人M.V.彼得；柏林的贴现公司管理处和约瑟夫金首饰公司；俄罗斯中央银行，圣彼得堡的伊曼纽尔·诺贝尔先生；哥德堡和斯德哥尔摩的斯堪的纳维亚信贷银行，巴黎马拉科夫大街59号我的保险箱内。

此外，就是一些应收账、专利权、专利费或所谓的使用费，等等，我的遗嘱执行人将会在我的报纸和书籍当中找到相关的全部信息。

这份遗嘱，是迄今唯一的一份有效的遗嘱，与此同时，取消我之前所作的全部遗嘱安排，以防万一在我去世后，存在任何一份这样的遗嘱。

最后，我明确请求，在我死后，请医生切开我的静脉，这将可以确诊导致我死亡的病症，然后将我的遗体置于所谓的焚尸炉内焚化。

巴黎，1895年11月27日

阿尔弗雷德·伯纳德·诺贝尔

12月初，阿尔弗雷德来到巴黎的瑞典俱乐部，在这份遗嘱上郑重地签下了自己的名字，当时在场的还有四名瑞典证人。

正是阿尔弗雷德的这份伟大的遗嘱，才产生了后来闻名世界的"诺贝尔奖"。

（三）

阿尔弗雷德的健康状况每况愈下。但在他生命的最后一段时间里，他依然喜欢坐在书桌前奋笔疾书，或者阅读自己喜欢的书籍。

1896年8月，哥哥罗伯特的去世让阿尔弗雷德难过了许久。如今，只有他一个人还孤孤单单地留着这个世界上了，他不由得感叹世事的无常。

进入12月，阿尔弗雷德的病情又加重了，并且还出现了严重的语言障碍，有些话连贴身伺候他的仆人都听不懂。

12月7日，阿尔弗雷德能够起床进行简单的活动。于是，他就给助手索尔曼写了一封信，信中说：

……遗憾的是，我目前的健康状况十分不好，就连写这封信都感到吃力了。但只要我能康复，我就能从事我们所关心的工作了。

这封信还没等寄出去，几个小时后，阿尔弗雷德就出现了脑溢血的先兆。

当仆人们发现他时，阿尔弗雷德正跌坐在书桌旁，白发苍苍的头颅紧贴在桌角旁边。惊慌失措的仆人连连呼唤他，可他都没有反应。

仆人们将阿尔弗雷德抬到卧室的大床上，然后飞快地请来了医生。经过诊断，医生认为阿尔弗雷德患的是脑溢血，并建议他必须卧床休息，否则病情会更加严重。

此时的阿尔弗雷德还能够听清医生的话，但自己却发不出声了。他的表情告诉人们，他感到十分不安。

最后，阿尔弗雷德艰难地嚅动嘴唇，才终于发出一丝丝微弱的声音。仆人们连忙将耳朵凑过去，想听清他最后的遗言，然而听到的却是一连串的词汇。

这让这些来自法国的仆人不知所措，而医生告诉他们，阿尔弗雷德说的是瑞典语。仆人们感到十分疑惑：

"诺贝尔先生会说五种语言，为什么这时偏偏要说我们听不懂的瑞典语呢？"

在场的人没有一个能够听懂瑞典话语的，因此，阿尔弗雷德在临终之前究竟说了什么，也成了一个永远的谜。

1896年12月10日凌晨2时，经过医生抢救无效后，阿尔弗雷德·诺贝尔走完了他轰轰烈烈的一生，悄然离去，终年63岁。

当时，阿尔弗雷德的身边只有医生和几个仆人，连一个亲人和朋友也没有。

后来，拉格纳·索尔曼说过这样的话：

"阿尔弗里德·诺贝尔的最后几个小时是非常悲惨的。在信里，他曾多次提到的不祥预言终于成为事实。在他临死前的几天，'周围只有雇佣的仆人，却没有任何一个亲人；这种亲人有一天会用他那轻轻的手将我的眼睛合上，并且会小声地说上几句温柔真诚的安慰话'。"

可以说，阿尔弗雷德在死前遭到了严重不安的打击，并且不能站起来。他部分地失去了说话的能力，除了他儿时的语言外，他什么都记不住了。在临终前，他的主要女仆奥古斯特说，诺贝尔先生说了许多仆人们都听不懂的话，他们只听懂了"电报"这个词，并且马上通知了他的两个侄儿伊曼纽尔和加尔玛·诺贝尔，以及索尔曼。

遗憾的是，他们都没有来得及在阿尔弗雷德临终前赶到那里。他正像他生前自己所预言的那样，孤独地越过了人境。

这位曾经在现代景物方面留下了很多痕迹的最卓越的人，就这样多多少少在不受注意的情况下结束了他伟大的一生。

但是，由于阿尔弗雷德是一个没有直系继承人的大富豪，而且他用最不寻常的方式起草了遗嘱，因此，另外一场奋斗，也就是为了千百万人的奋斗，很快就要开始了。

第二十章 诺贝尔奖的设立

我的理想，就是为人类过上更幸福的生活而发挥自己
的作用。

——诺贝尔

（一）

阿尔弗雷德逝世的第二天，三位身着黑衣、脸色凝重的先生匆匆赶
到了圣莫雷的住宅。他们是阿尔弗雷德的两个侄子加尔玛·诺贝尔、
伊曼纽尔·诺贝尔（路德维希为了纪念父亲，将儿子的名字也取名为
伊曼纽尔）和阿尔弗雷德的助手索尔曼。

当看到床上阿尔弗雷德瘦削的身体和苍白的面容时，三个人不禁失
声痛哭起来。

最后，还是索尔曼最先擦干眼泪，提醒他们，诺贝尔先生刚刚去
世，有很多事需要他们去处理呢。

遵照阿尔弗雷德·诺贝尔的遗嘱，他的遗体先交由医院解剖静脉血
管，以便帮助医生查明死因。

第一次的葬礼是在圣莫雷别墅举行的，由教皇驻巴黎公使馆的一位
青年牧师在他灵前致悼。

悼词中有这样一段话：

他所受的孤独与磨难是他的命运，是天赐的结果。在众生眼里，他是一位富有而显赫的人，而也有人将他看成一位平常的人。现在，他已经逝去了，让我们不要永存这种错误，因为我们不能把他们的所有和成就带入坟墓。

我们必须抛开这些尘世的幸福。我们可以正确看待这位逝去的人，虽然他很富有，有亲友的情爱，但他也是贫苦的。他孤独地生活、孤独地死去，没有家庭的喜悦，没有妻儿的安慰，这是他的选择或命运。

他的天性是不为名利所动，不为孤独所苦，他一直到生命的结束，仍然是热心的、仁爱的。他的生命是高贵的。

后来，伊曼纽尔想到阿尔弗雷德生前曾经说过，他希望自己死后可以安葬在斯德哥尔摩的家庭墓地当中，与母亲和弟弟埃米尔团聚。

"这是叔叔的心愿。他一生漂泊，让我们为他安排最后一次旅行吧。"加尔玛建议。

于是，加尔玛和伊曼纽尔在圣莫雷为阿尔弗雷德举行了一个简短庄重的仪式，便启程离开圣莫雷，护送着叔叔的遗体回到斯德哥尔摩。

在斯德哥尔摩古朴庄严的教堂当中，诺贝尔家族为这位杰出的家庭成员举行了一个隆重而肃穆的葬礼。随后，遵照阿尔弗雷德生前的愿望，他的骨灰被安放在母亲卡罗琳娜的遗骸旁边。

（二）

1897年初，银行将阿尔弗雷德·诺贝尔的遗嘱送到了他的亲戚手中，遗嘱的内容令诺贝尔家族内部所有的人都大吃一惊。

阿尔弗雷德一生没有结婚，更没有子嗣，那么罗伯特和路德维希的几个子女就成为他财产的合法继承人。按照常理，阿尔弗雷德去世后，这些亲属每个人都将得到一大笔巨额财产。

然而，当阿尔弗雷德的遗嘱一揭晓，他们就都傻眼了。

作为叔叔的阿尔弗雷德几乎什么都没有留给他们，而将财产全部送给了外人。而且更糟糕的是，遗嘱一旦执行，路德维希的子女们就将遭受巨大的损失，因为阿尔弗雷德在巴库油田企业的股份将全部兑换为现金，而他的大宗股票在巴库油田起着决定性的作用。如果不亲自买下这一大笔的股票，诺贝尔家族将失去对这个庞大企业的控制权。

这一点让大家非常意外，自然也是坚决反对，他们坚决认为这份遗嘱是不合法的，并激烈地提出申诉，阻挠遗嘱的执行。

遗嘱经瑞典新闻界公之于众后，在瑞典乃至全世界都引起了轩然大波，人们对此议论纷纷。有人赞誉，称赞阿尔弗雷德的精神和品格；也有人诋毁，骂他这是赚了军火钱之后的良心发现。

这些主要来自瑞典社会舆论的批评和谴责，让这份遗嘱的执行情况不容乐观。

当时，瑞典社会舆论批评和谴责阿尔弗雷德的理由之一，就是他没有将自己的巨额财产全部捐给瑞典，而是捐给了全世界；而且，阿尔弗雷德将和平奖的颁奖权利授予了挪威议会，这也伤害了瑞典人民的自尊心。因为此时的挪威刚刚从瑞典王国独立出去，正准备废黜国王，建立议会政治。

另外，阿尔弗雷德还在遗嘱中指出，斯科的纳维亚人在获奖方面不具备任何优先权，这更令瑞典人感到恼火。

而遗嘱中指定的执行机构——瑞典科学院和卡罗琳娜医学院也对是

否接受这一任务犹豫不决。因为这两所学院只是两所地方性机构，里面的成员也只是一些国内的知名学者。而阿尔弗雷德居然宣称要由他们给全世界的优秀人物颁奖，这怎么能让人不感到棘手呢?

在遗嘱中，阿尔弗雷德明确指定由瑞典土木工程师拉格纳·索尔曼和鲁道夫·列克维斯特作为执行人。

由于索尔曼被第一个被指名，而且对这份遗嘱有着更直接的了解，因此他在落实这份遗嘱方面也显得更为积极。索尔曼说过，由于自己和另外一位执行人对法律事务都不熟悉，故指定当时在斯堪的纳维亚上诉法院当陪审推事的卡尔·林哈根作为瑞典的法律顾问。

索尔曼的这一决定，对最后实现阿尔弗雷德·诺贝尔遗嘱的基本思想是至关重要的。林哈根采取了气量宏大的态度来处理这份遗嘱所引起的诸多法律问题，而不仅仅局限于形式；他对贯彻执行遗嘱人的思想很感兴趣，并且积极与瑞典科学院等与这份遗嘱有关的瑞典国家当局进行巧妙接触和合作，因为他们是被指定为奖金颁发机构的。

事实上，林哈根已经成为经管这份财产的共同执行人。而执行遗嘱的主要推动者，则是拉格纳·索尔曼。因此，尽管这份遗嘱引起了诸多方面的争议和不满，但最终还是得以和平解决。

而在诺贝尔家族的内部，这份遗嘱对每个人也是一次严峻的考验。最终，路德维希的长子伊曼纽尔站了出来，表示坚决执行叔叔的遗嘱。他劝说自己的兄弟姐妹们说:

"我们应该严格执行叔叔的意愿，这是对他的尊重。而且，这份遗嘱如果得以执行，将使无数民众受益。比起他们，我们的利益实在是显得微不足道。"

最终，在全世界善良人们的关注之下，各种反对遗嘱的声音迫于压力，渐渐地偃旗息鼓了。各方也终于达成协议，诺贝尔的遗嘱得到了执行。

（三）

1898年5月，瑞典国王代表王国政府，以国家和人民的名义宣布了阿尔弗雷德·诺贝尔的遗嘱生效。

由于还有许多遗留的问题需要解决，因此两年后一切事情才办妥。1900年，"诺贝尔基金会"正式宣告成立。与此同时，基金会的章程和细则以及由瑞典各个机构授予奖金的特别规则，也都一一被确立下来。

遗嘱执行人于1900年12月31日结束了对诺贝尔基金的管理，将阿尔弗雷德的遗产全部转换为现金之后，全部交付给"诺贝尔基金会"。

令人欣慰的是，担当遗嘱执行者的几个机构也充分显示了阿尔弗雷德的不凡眼光，以严谨科学的态度执行了遗嘱所规定的任务，完全没有辜负阿尔弗雷德和世界人民的期望。

阿尔弗雷德的助手拉格纳·索尔曼后来在他关于诺贝尔遗嘱的那本书中，用下面几句话作为结束语：

"这场长期的斗争就此宣告结束。由于过去几年的经验，所取得的结果应该被认为是令人满意的。对于我们的这个国家来说，颁发诺贝尔奖是一项特权，而诺贝尔基金会作为一个整体，则是一项有着巨大价值的财产。从各方面来看，那些关于在执行阿尔弗里德·诺贝尔委托给我们的责任时必将遇到巨大冒险和困难的悲观预言，都是完全没有根据的。相反，它将有助于促进世界对瑞典、挪威和斯堪的纳维亚文化的更深了解和尊重。"

作为对阿尔弗雷德·诺贝尔这位伟大人物的缅怀，"诺贝尔奖"的颁奖日期被确定为每年的12月10日，也就是阿尔弗雷德逝世的纪念日。

1901年，诺贝尔基金会的各项工作已经全部准备就绪。这是一个新世纪的开始，距离阿尔弗雷德去世恰好5周年。这一年的12月10日，在斯德哥尔摩音乐厅中，举行了第一次诺贝尔奖颁奖仪式。有6位在各个领域作出了杰出贡献的人物，在这次辉煌的典礼上接受了诺贝尔奖金。

此后，诺贝尔奖的威望日渐增高，甚至成为全球人类所渴望获得的最高殊荣，一大批杰出的人物也相继获得了诺贝尔奖，这一奖项也成为他们一生为自己热爱的事业所奋斗的动力和成就的证明。在获得这一奖项的人物当中，包括居里夫人、爱因斯坦、萧伯纳、罗曼·罗兰以及海明威等世界著名人物。

而诺贝尔和平奖更是备受世人瞩目。1905年，诺贝尔和平奖颁给了阿尔弗雷德·诺贝尔的挚友贝莎·苏特纳。此后，获得诺贝尔和平奖的人物还包括美国第26届总统罗斯福、美国国务卿基辛格等政界要人。

作为一个国际性的大奖，诺贝尔奖的意义远远不止金钱那么简单，它所代表的更是一种最为崇高的荣誉，并且能够让自己的成就获得最为广泛的承认。

时至今日，诺贝尔奖依然是世界各国人们所期望获得的最高荣誉。同时，人们也都会为自己的同胞获得诺贝尔奖感到无比的骄傲与自豪。

就像阿尔弗雷德·诺贝尔最初所期望的那样，诺贝尔奖的颁发已经成为全世界人民所瞩目的盛事，它引起了广大民众的深切关注。与此同时，他们的目光也聚焦在这些伟大杰出的人物身上，并从这些人物的身上汲取到无穷的精神力量。

诺贝尔生平大事年表

1833年10月21日　阿尔弗雷德·伯纳德·诺贝尔诞生于瑞典首都斯德哥尔摩。

1837年　4岁，父亲破产，只身前往芬兰谋生。

1841年　8岁，就读于斯德哥尔摩市圣雅克布高级卫道士小学，同年，父亲转道去了俄国圣彼得堡。

1842年　9岁，全家迁居圣彼得堡。

1843年　10岁，聘请家庭教师。父亲为俄国军队制造地雷和水雷。弟弟埃米尔出生。

1848年　15岁，中止学业，进入父亲的工厂担任助手。

1850年　17岁，只身赴欧美旅行、学习。

1852年　19岁，深爱的少女去世，怀着悲痛的心情回到圣彼得堡。

1853年　20岁，克里米亚战争爆发。"诺贝尔父子机械铸造厂"生产的军用品初步显示出威力，父亲获得俄帝国金质奖章。

1854年　21岁，在齐宁教授的鼓励下，进行硝化甘油炸药的研究发明。

1856年　23岁，克里米亚战争结束，俄国战败。俄国政府取消全部订单，工厂陷于破产。

1857年　24岁，首次取得气体计量表的发明专利。

1859年　26岁，父母和弟弟埃米尔回到瑞典。发明液体计量仪和改进型压力计，并且获得专利权。

1860年　27岁，一边转手工厂中的工作，一边从事硝化甘油炸药的研究。

1863年　30岁，离开圣彼得堡，回到瑞典，发明了具有划时代意义的"诺贝尔专利炸药"，与父亲在斯德哥尔摩办厂。

1864年　31岁，开始制造硝化甘油炸药。9月3日，试验车间发生爆炸，弟弟埃米尔等五人当场丧命。父亲从此卧病不起。

1865年　32岁，发明雷管。3月，在温特维肯建立了全世界第一座硝化甘油工厂。6月，组建德国诺贝尔公司。冬天，在克鲁伯建厂。

1866年　33岁，在美国设立公司。克鲁伯工厂发生爆炸事故，硝化甘油公司陷入困境。

1867年　34岁，发明了性能安全的达那炸药。

1868年　35岁，瑞典皇家科学院授予诺贝尔父子莱特斯蒂特金质奖章，表彰他们所作出的"对人类具有实用价值的重大发现"。

1870年　37岁，普法战争爆发，普鲁士军队使用了达那炸药。

1871年　38岁，法国战败，遂获准在法国制造达那炸药。英国达那炸药有限公司成立。

1872年　39岁，9月3日，父亲伊曼纽尔去世，终年71岁。

1873年　40岁，在巴黎马拉科夫大街购置住宅。

1875年　42岁，发明了一种既安全、爆破力又强的炸药——"爆炸胶"。

1876年　43岁，聘用贝莎（1905年诺贝尔和平奖获得者）为私人秘书。邂逅维也纳姑娘索菲亚。

1879年　46岁，"诺贝尔兄弟石油公司"成立。移居巴黎郊外的塞夫朗—利夫里，继续从事炸药的发明研究。

1887年　54岁，经过8年时间，终于发明了一种新型炸药，取名为

"混合无烟火药"。

1888年　55岁，4月，次兄路德维希死于心脏病。

1889年　56岁，母亲卡罗琳娜在斯德哥尔摩去世，终年86岁。

1891年　58岁，离开巴黎，移居意大利西部海岸的圣雷莫。

1893年　60岁，聘用年仅23岁的拉格纳·索尔曼担任其私人助手。

1894年　61岁，回到故乡瑞典，并在瑞典设立实验室。心脏病恶化。

1895年　62岁，在巴黎立下遗嘱。

1896年　63岁，8月，长兄罗伯特去世。12月10日凌晨2时，在意大利圣雷莫溘然去世。

1897年1月，遗嘱公布于世。

1900年6月，瑞典王国政府颁布法令，宣告诺贝尔基金会成立。

1901年12月10日，依照诺贝尔的遗嘱，在斯德哥尔摩首次颁发了诺贝尔奖。

阿尔弗雷德去世后，他的骨灰安葬在斯德哥尔摩近郊的"北方公墓"，与他的父母和兄弟合葬在一起。他的墓碑是一座高约3米的灰色尖顶石碑，石碑正面仅仅刻有"Nobel"几个金字和他的生卒年月，碑上没有阿尔弗雷德的肖像，没有浮华的雕饰，也没有关于他在人类历史上写下的辉煌。